U0125493

Excellence Now
Extreme Humanism

成就卓越

商业的底层逻辑

［美］ 汤姆·彼得斯（Tom Peters） 著

范鹏 译

机械工业出版社
CHINA MACHINE PRESS

本书详细论述了为何专注于帮助他人成长就能实现卓越的领导。作者认为领袖要做的事情不是获得更多的追随者，而是培养更多的领袖，并提醒我们要在追求人生和事业目标的过程中认识到什么才是最重要的。本书强调我们要以人为本，全心投入于关爱、支持人的全面发展和成功；创造为我们的生活带来欢愉、振奋人心的产品和服务；始终重视细节，了解细小但连续的渐进式进步能够造就翻天覆地的改变；承认情商的力量和软技能是最难培养但最重要的技能。作者还认为，卓越并非长远计划，也并非一座不可攀登的高山。卓越就在于下一次对话、下一场会议或下一次展示。

Tom Peters, Excellence Now: Extreme Humanism
ISBN 9781944027964
Copyright © Tom Peters 2021
Published by special arrangement with Networlding Publishing in conjunction with their duly appointed agent 2 Seas Literary Agency and co-agent CA-LINK International LLC
Simplified Chinese Translation Copyright © 2023 by China Machine Press. This edition is authorized for sale in the Chinese mainland (excluding Hong Kong SAR, Macao SAR and Taiwan).

北京市版权局著作权合同登记　图字：01 - 2021 - 3403 号。

图书在版编目（CIP）数据

成就卓越：商业的底层逻辑／（美）汤姆·彼得斯（Tom Peters）著；范鹏译. —北京：机械工业出版社，2023.4
书名原文：Excellence Now：Extreme Humanism
ISBN 978 - 7 - 111 - 72834 - 4

Ⅰ.①成… Ⅱ.①汤… ②范… Ⅲ.①领导学 Ⅳ.①C933

中国国家版本馆 CIP 数据核字（2023）第 108146 号

机械工业出版社（北京市百万庄大街22号　邮政编码100037）
策划编辑：坚喜斌　　　　　责任编辑：坚喜斌　侯春鹏
责任校对：张爱妮　王明欣　责任印制：刘　媛
涿州市京南印刷厂印刷
2023 年 7 月第 1 版第 1 次印刷
145mm×210mm · 9.125 印张 · 3 插页 · 203 千字
标准书号：ISBN 978 - 7 - 111 - 72834 - 4
定价：69.00 元

电话服务　　　　　　　　网络服务
客服电话：010-88361066　机　工　官　网：www.cmpbook.com
　　　　　010-88379833　机　工　官　博：weibo.com/cmp1952
　　　　　010-68326294　金　书　网：www.golden-book.com
封底无防伪标均为盗版　机工教育服务网：www.cmpedu.com

本书所获赞誉

"为公司、社区、客户和地球计，汤姆·彼得斯希望全天下的领袖最终都能够以人为本。他列出了很多令人难忘的事例和非常实用的行动措施，以或轻或重、循循善诱的方式指明了一条保持卓越的道路。"

——罗莎贝斯·莫斯·坎特（Rosabeth Moss Kanter），哈佛大学商学院教授、《让想法冲出办公楼》（*Think Outside the Building*）一书的作者

"虽然汤姆·彼得斯字里行间不乏紧迫感，但我们更应当细细品味他有关如何把公司培育成他所说的'成熟的自由呼吸的社区'，并确保公司能够在建设一个我们都值得拥有的世界的过程中发挥应有的作用。"

——琳达·A.希尔（Linda A. Hill），哈佛大学商学院华莱士·布雷特·唐纳姆工商管理教授、领导力计划主席、《如何领导天才团队》（*Collective Genius：The Art and Practice of Leading Innovation*）一书的作者

"汤姆·彼得斯的大作不仅应该被反复品读，而且应该成为您的枕边书，这样他的那些理念才能慢慢融进您生活中的所有行为并对其加以引导。"

——珍妮·布利斯（Jeanne Bliss），畅销书作家、客户体验专家

"如果您在阅读《成就卓越：商业的底层逻辑》这本书之前从未找到自己的启明星，读完本书您一定可以找到自己的启明星。在本书中，汤姆·彼得斯给我们上了一堂有关'软件'的大师课，这对于当今世界来说非常重要。"

——蒂法妮·博瓦（Tiffani Bova），软营（Salesforce）成长传播者、《华尔街日报》畅销书《增长智商》（*Growth IQ*）的作者、"全球思想家50人"（Thinkers 50）上榜人物

"汤姆·彼得斯就像商界的甘道夫。人的潜能充满了无限魔力，但大部分公司都在盲目地追求那些毫无头脑的机械成果。团队改变世界，领袖服务于团队——服务永无止境！如果您希望了解其中的诀窍，就一定要反复阅读《成就卓越：商业的底层逻辑》这本书。"

——琳达·霍利迪（Linda Holliday），Citia 首席执行官及创始人

致　谢

感谢罗宾·雷诺兹（Robbin Reynolds）。1980年7月，罗宾偶尔读到了我在《商业周刊》（*Business Week*）上的一篇文章。他主动给我写了一封信，信中还附上了一份Harper & Row出版公司的图书约稿合同。他断言："这篇文章完全可以写成一本书。"此后，经过一番努力，我出版了《追求卓越》（*In Search of Excellence*）一书。

感谢我的商业伙伴兼同事南希·奥斯丁（Nancy Austin）。她认为《追求卓越》一书缺乏行动内容且活力不足。这对我颇有启发，此后我们合著了《追求卓越的激情》（*A Passion for Excellence*）一书——我在该书中大量使用斜体、粗体，当然，还有红色感叹号，这主要归功于南希。

感谢我的培训公司汤姆·彼得斯公司的前董事长希瑟·谢伊（Heather Shea）。一天下午，在品一杯霞多丽酒的时候，她跟我说我对微表现一无所知，而且未能充分发挥女性在商界领导角色中的潜能。此后，她召开了一场有关卓越女性领导力的会议并责令我参会。那些女性听从了希瑟的指令，一口气给我上了三个小时有关我的缺陷的课——因而，此后25年（1996—2021），我迷上了女性所展现出的卓越领导力。

感谢萨莉·海格森（Sally Helgesen）。对我来说，萨莉所著《女性的优势》（*The Female Advantage*）是有关商界女性的重要辅导书。该书以及萨莉此后的著述和忠告对我来说犹如醍醐灌顶——我的生活从此变得不同。

感谢苏珊·凯恩（Susan Cain）。很少有哪本书能颠覆一个人的生活。凯恩女士2013年所著《内向性格的竞争力：发挥你的本来优势》（*Quiet: The Power of Introverts in a World That Can't Stop Talking*）就是这样一本书。我想都不用想就会把该书评为21世纪有影响力的商界新书。苏珊曾当面一针见血地（或许我是这样感觉的）告诉我，虽然我是一位炙手可热的"商业大师"或"思想领袖"，但我忽视了半数的领导者，即内向领袖们所做出的贡献。举例来说，他们往往让那些喋喋不休的家伙相形见绌。我向她鞠躬致敬，感激不尽。

感谢辛辛那提大学林德纳商学院院长玛丽安·刘易斯（Marianne Lewis）。目前，刘易斯博士正充分利用自己的职位重塑（急需彻底改变的）商学院教育。她将被严重误读的"软件"，即领导、人、社区、道德行为和卓越等，列为非常重要的东西。

感谢苏珊·萨金特（Susan Sargent）。她是一位挂毯艺术家、室内饰品设计公司的所有者，其色彩技艺改变了整个行业。她还是一位杰出的社区组织者（组织对话、气候变化、艺术等活动），其精力旺盛令劲量兔子与之相比也甘拜下风。此外，她还是我的妻子、同事、近30年的挚友。

感谢朱莉·艾利斯特（Julie Anixter）、南希·葛琳（Nancy Green）、梅丽莎·G.威尔逊（Melissa G. Wilson）和谢莉·多利（Shelley Dolley），感谢她们为了使本书成为

我的"荟萃"而做出的不懈努力，她们努力使其尽善尽美，或者说，卓越！她们做出了非同凡响的专业贡献，而且，同样重要的是，其中一些人在这一努力中成了我真正的搭档。

　　请注意：这并非专为"我生命中的女性"而写的致谢。本致谢写给11位杰出的职业女性，她们塑造了我有关高效、多元、人道、专注于道德的企业的理念。

推荐序

2020 年，人们经历了糟糕的医疗保健、经济、气候、大规模的错误信息传播等危机。今天，人们又怎么会专注于"卓越"呢？汤姆·彼得斯的回答是，积极参与和服务于我们的职员、社区和地球，立志让我们的社会变得更好，并且"全心全意、全力以赴"。

当商业领袖们谈及"卓越"时，他们大多会想到汤姆·彼得斯和他的《追求卓越》。攻读硕士学位时我第一次读到了这本书，人们普遍认为该书是有史以来很有影响力的管理图书之一。该书面世 40 余载以来，汤姆游历了美国 50 个州以及 63 个国家，向超过 500 万人进行了宣讲。《成就卓越：商业的底层逻辑》是他的第 19 本专著，据他所说，这也将是他的最后一部著作。

这是一部为当下而作的著作。或许汤姆早已名声在外，但他从未懈怠。他深爱这个数字时代。他每天发布的大量推特足以证明他在倡导一种为人称道的生活方面做出了卓越的贡献。他发布过 125000 多条推特，粉丝多达 17 万。他是我爱上推特的主要原因。从我第一次在推特上跟汤姆联系，他就成了我的导师。他极其坦诚且非常大度，乐于跟任何人打交道。汤姆·彼得斯的智慧在于：要知道您所遇到的每个人在某方面都比您更有见识。

坚守核心价值观是我作为一名领导者的启明星。不过，我一直纠结的是：如何从每天试图定义自己的价值观转变为践行自己的价值观并鼓励同事们也这样做？谁能开导我呢？我能信任谁呢？在这段旅程中我是否孑然一身？在寻找答案的过程中，我发现了汤姆·彼得斯，他改变了我的职业生涯和个人生活。他传递给我的有关人要终生追求卓越和道德行为的信息平复了我周围世界的嘈杂，让我知道我并非孤身一人。您也并非孤身一人。这就是汤姆写作本书的原因。

我第一次跟汤姆·彼得斯会面是在他来软营（Salesforce）波士顿办事处接受视频采访时。我在大堂跟他打了招呼，本以为会看到汤姆跟他的随行人员。但是，他孤身一人，身上背了一个背包，穿着一件毛衣，而这件毛衣就是此前他在众多有关领导术的视频中穿的那件。让我吃惊的是，他从背包里拿出了一本我的书，即《追求卓越的社交商务》（*The Pursuit of Social Business Excellence*）。他能用一种巧妙的方式表达对他人的欣赏，让他人自我感觉良好。

在为我们的现场采访做最后准备时，我看到汤姆在温习文件夹中厚厚的一沓资料，其中包括各种主题，如情商的重要性、晋升更多女性领导的好处和人工智能对未来工作的影响。他杰出的准备工作让我们的交流非常顺畅。自2013年以来，我采访过900多名商业领袖。其中，观看次数最多的两个节目都是我跟汤姆·彼得斯之间的讨论，观看次数多达30万。更值得一提的是，正式采访结束后，汤姆花了两个多小时跟我的同事们见面、在书上签名、认真倾听并回答大家提的几百个问题，此后才跟大家很小声地告别。他的那种谦逊、风度和极其令人振奋的大家风范让十几位高级主管备受鼓舞。

为什么说《成就卓越：商业的底层逻辑》可能是汤姆·彼得斯杰出事业中最重要的著述？汤姆的话非常令人信服，他说道："你现在正在做的事情将成为你整个事业的标杆。"这一点千真万确。在该书中，汤姆有力地说明了为何只需通过专注于帮助他人成长就能实现卓越的领导。长期以来，他坚称：领袖要做的事情不是获得更多的追随者，而是培养更多的领袖。

对于希望了解如何在商界取得成功的大学生，深切关爱职员、客户和社区的小业主、中层管理者，任何公司中最具战略价值的人，以及像我这样了解培养和维系信任文化、个人成长、创新和真正平等的高级主管（就我而言，我在这个世界上最成功、成长最快的科技公司工作）来说，《成就卓越：商业的底层逻辑》都是一本必读书。

《成就卓越：商业的底层逻辑》以美妙的方式提醒我们在追求人生和事业目标的过程中什么东西才是最重要的。以人为本，全身心地投入关爱他人、支持他人的全面发展和成功当中；创造为我们的生活带来欢愉、振奋人心的产品和服务；始终重视细节，了解细小但连续的渐进式进步所能够造就的翻天覆地的改变；承认情商的力量和软技能（从长远来看）是最难培养但最重要的技能。汤姆·彼得斯还提醒我们要切实认识到某些重大问题，如人们需要认识到性别平等、应对气候变化的影响，以及获得可负担的教育等的迫切性。

您还要等多久才做自己希望的那种卓越领袖？如今，在应对种种混乱的过程中，各个社区、公司和国家比以往更希望获得卓越。问题在于您是否是那个愿意挺身而出、响应号召的领袖，不论周围有怎样的动荡和压力都愿意致力于以诚信和人文价值观进行领导的领袖。

您真正的遗产在于您不在场时人们谈到您时会说些什么。您会给人们留下怎样的印象？人们会说您善良、体贴、耐心、宽恕、时刻在场或充满正能量吗？在《成就卓越：商业的底层逻辑》中，汤姆·彼得斯向我们阐述了困难时期最为重要的领导特征。

我从汤姆身上学到的深刻教训之一是，按汤姆的说法，卓越并非长远计划，也并非一座不可攀登的高山。卓越就在于下一次对话、下一场会议或下一次展示。他说："卓越就在于接下来的 5 分钟，否则，卓越无从谈起。"

我认为《成就卓越：商业的底层逻辑》是汤姆·彼得斯最出色的著作，是他跟来自世界各地优秀的商界和管理界领袖通力协作、历时 40 多年的数据驱动研究的巅峰之作。就我来说，我打算跟随他的步伐，尽可能地向这样一位在人文、领导艺术、商务、卓越和生活等领域都独一无二的开拓者学习。

维拉·阿夫沙尔（Vala Afshar）
软营首席数字传播师
《追求卓越的社交商务》的作者
每周一期的播客 DisrupTV 的共同创建者和联合主持人

"商业为增进人类福祉而存在。"

——米哈里·契克森米哈赖（Mihaly Csikszentmihalyi），积极心理学奠基人

"如果你需要信口开河、会说话的人，得找个男人。如果你需要找能具体做事儿的人，得找个女人。"

——玛格丽特·撒切尔（Margaret Thatcher）

"创造卓越不是一份工作。创造卓越是一种道德行为。"

——休·麦克劳德（Hugh MacLeod）

前　言

以人和社区为先，
服务于人类的产品和服务，
企业的道德责任，
如今远超以往

机缘巧合——也许这个词被用得太多了，不过，奇怪的是，这个词用在这里恰如其分。

- 2019 年 3 月：开始写我的最后一本书，对我 40 多年对卓越的追求进行总结，旨在最后一次发声呼吁以人和社区为先。
- 2020 年 2 月：将近乎完成的初稿交给同事指正。
- 2020 年 3 月：新冠肺炎疫情使美国和世界上许多其他国家陷入封闭。随着疫情的暴发，仅美国的失业人数就增加了好几百万。
- 2020 年 6 月：骚乱席卷美国。由来已久的种族、政治和经济领域的不公平或不平等问题引发的抗议活动预示着一场长期的、声势浩大的、不可小觑而又早该发生的抗争。
- 2020 年秋：半个多世纪以来最具敌意的美国总统大选——社会面更深刻的分裂，不平等现象首当其冲；到目前为止，尚无缓解的迹象。
- 2020 年至 2021 年秋冬之际：新冠肺炎疫情还在延续——用一个我不喜欢、被滥用但符合这一情形的说法——骚乱逐渐成了"新常态"。

就上文所说的机缘巧合而言，多方位的动荡，再加上正不断加剧、不断摧毁人们工作岗位的人工智能海啸，都让本书想传达的信息比我想象的更加及时、更有力、更中肯，而且更加紧迫。

在混乱中领导。在新冠肺炎疫情造成的个人层面和经济层面的痛苦中进行领导。在以大声的、充满愤怒的、对种族严重不平等新认识为标志的社会痛苦中进行领导。在意识到气候变化令人惊愕的影响并非"即将到来"而是已然到来这一确定无疑的事实之后进行领导。在奋力服务于其职员、其所在社区和地球本身的过程中，领袖如何在这一疯狂状态中做出应对，甚至得以发展呢？

无数次重申之后我想再次重申，而且想更为急迫地重申以下几点：

- 人的参与和成长真的至为重要。
- 社区的参与真的至为重要。
- 地球真的至为重要。
- 产品和服务应服务于人类，并让我们对自己的行业感到骄傲。
- 把创造和维系一种充满关爱、生机勃勃、公平合理的文化当作重中之重的领导。
- 立即着手。

全心全意，全力以赴。
不要胡来！

对我来说，这事儿匪夷所思。那些所谓的精明商人问过我几百次以下问题："汤姆，你为什么如此执着于人（或软件）？"我最好的答案（而非其他什么乱七八糟的答案）就是：人对于一位汽车经销商或者拥有 6 名或 60 名员工的会计事务所或者谷歌公司很重要，就像人对于一支足球队或一个交响乐团或美国海军陆战队很重要一样。也就是说，我再重复一遍，人，人，人——对的，除了人还有什么东西更重要呢？

组织并非一张毫无生气的组织结构图、一堆职位描述或无数毫无生机的"效率优先"过程。

组织本身是一个发育成熟的、活生生的社区。组织是一个植根于众多社区——其职员、客户和零售商员工的家园——之中的社区。

我们对于危机（这个或那个危机）的回应取决于我们在多大程度上关爱他人，以及这种关爱能持续多久。在我看来，从一位领袖的视角来说，极限关爱首先来自光明正大地以人和社区为先。

我希望本书能促使您采取行动（甚至接近极限的行动）。道理很简单，真正的极限时代必定呼吁人们采取极限回应。我甚至希望我们面对今时今日的疯狂现状通过构建新的企业文化来发起一场广泛的革命，让工作场所更人性化、更充满活力，让员工得以终身成长，创造以卓越为标志乃至使世界更美好的产品和服务。

最后，既然对我来说本书是一本所谓的（或大家认为的）"商业书籍"，我想提醒大家，相关数据可以明确地说明"以人为本——关注组织和社区的长远健康及提供真正重要的产品和服务——无疑是最有效的基准商业行为"。

43 年的希望之旅

本书是一部"荟萃"。

本书是一场"告别演出"。

本书是一部"竭尽全力之作"。

请即刻开始行动，十万火急。

  自 1977 年开始的研究造就了我的《追求卓越》，40 余年来我一直在追求卓越。当时我是受雇于旧金山办事处的一名普通顾问，应我的顶头上司麦肯锡咨询公司总经理的拜托，我开始进行相关研究。令总经理不解的是，尽管他那些才华横溢的顾问设想了很多巧妙的、绝不会犯错的商业策略，但客户觉得那些策略难以实施或根本无法实施。当时我刚从斯坦福商学院毕业，而"实施"正是我毕业论文的议题——事实上，据说我是第一个以此为题的人，我还为此荣获多个奖项。

  我得到了一份不设上限的预算，从而我可以游历各国以便寻找有关大公司高效策略实施的相关理念和案例。

  研究进行一年后的某个时间，我被要求就该指定议题做一次面向客户的展示。下达该指令的是我在旧金山的大老板，通知下达时我只有不到一天的时间做准备。面对客户慷慨陈词之前的那个晚上，我看了旧金山芭蕾舞团的一场精彩表演。看完芭蕾舞，坐下来开始琢磨该讲些什么时，我突然有了一个奇怪的想法。

几乎所有成年人都要工作。靠着有效服务于同事、客户、顾客和社区，我们得以保住自己的工作。为什么我们在自己的工作中——以及对他人的服务中——不能模仿旧金山芭蕾舞团呢？在那些拥有 6 名或 600 名员工的商业公司，我们的辛勤工作为什么不能像芭蕾舞那样精彩？这一想法深深地吸引了我。在第二天的小展示中，我的标题只有一个单词：卓越。虽然我的展示获得了积极的反馈，但事实上我还没上路。不过，这一想法——商业为什么不追求卓越——真正扎下了根。对该想法稍微进行了扩充之后，我在分散在不同地方的团队中进行了尝试。随着时间的推移，我的同辈，以及（尤其令我高兴的是）客户都喜欢这一理念——我们开始上路了。

这是 40 余年前的事情，这么多年来我始终不改初衷。事实上，我的整个成年时期都在追寻个人和公司的卓越。出于种种原因，我的第一部书（跟如今已经成为我挚友的鲍勃·沃特曼合著）取得了成功，其中尤其重要的原因是该书的完美时机选择（当时美国正受困于商业不景气和大萧条）。该书的影响非常大，1989 年至 2006 年之间，该书成为被多家美国图书馆收藏的图书。显而易见，"像芭蕾舞表演一样经商"/"卓越的商业"这一理念引起了不少共鸣。

一直以来人们对我的好评不断，但我自己因为未能带来"卓越革命"而备感挫折。虽然认同者不计其数，但在很多企业，尤其是中小型企业之中，非芭蕾舞式的表现仍很常见。因此，此后我潜心写作，又写了 17 部书，在 63 个国家进行了 2500 多场演讲。我特意将这些书的内容进行了大量重复，要理解书中的内容并不需要什么高深的理论：

- 照顾他人——反复为他们提供培训、善待他们、尊重他们并帮他们为将来做好准备。坚持所有员工都应该致力于鼓励增长和关爱自己的搭档。在此乱世之秋，这一点尤其如此。其目标在于获得极大的职员投入。其底线在于使卓越成为所有跟人有关事务的规范。（该"底线"也是最佳的成长途径和盈利的最好刺激。）

- 制造令人振奋的（一个精挑细选的词汇）、能激励我们的客户、能让我们对自己的努力满意和骄傲甚或能让这个世界美好一点点的产品和服务。这正是我所说的极限人本主义的根基。这一要求适用于任何行业，是的，它也适用于公司的所有部门。（供您参考：能表现出"极限人本主义"和"令人振奋"的产品和服务也是对抗人工智能海啸的最牢固的防御手段。）

- "小胜于大"是我的口头禅——一连串小措施和令人印象深刻的成果要比"突破性的"尝试更重要。因此，我们应当像某位大师所说的那样"认真做事"一小时又一小时、一天又一天，不间断地把这些小措施付诸未知之地。我们每个人——所有人——都能够而且也必须成为一名创新者！

- 充分发挥您的影响力，接受应对气候变化灾难性影响的紧迫性。敷衍塞责已经行不通了。气候变化的影响并非"即将到来"，事实上已经到来了。

- 任何时候行事都要体体面面，要做一个卓越而活跃的社区成员和道德领袖。要让自己能够在跟家人描述自己的工作或服务时充满骄傲甚至愉悦。

- 每天都把卓越作为目标，卓越不应是某种远大志向，卓越应该是实际表现出来的生活方式，而非您在下一封只有 10 行的电子邮件中要讲的东西。

总体来说，这些理念要求您、我还有我们的同辈做有价值的工作，让所有利益相关者为之骄傲的工作。如前所述，这种风格的工作能使持续成长和盈利等标准商业举措取得令人惊讶的成功。

本书列出了 75 条建议。我敢断言，而且我也对您充满信心，如果您能坚定有力、全力以赴，这些建议必定能够发挥作用。而且，事实一次又一次表明，在任何情况下它们都能发挥作用。

现在已经到了深思熟虑的时刻了

如今，美国正深陷新冠肺炎疫情之中，同时也处于 20 世纪 60 年代以来最严重的社会和政治动荡之中，这种混乱绝对是我们平生所仅见。在商界等领域，我们看到很多组织和领袖都做出了非常好的反应，都表现出了同情心和关爱。我们也见证了一些其他公司的做法。它们的领袖顽固地秉持着传统的效率和产出最大化教条，有时候行事冷酷无情，甚至会刻意刁难。

尽管这个世道非常疯狂，在我看来，本书中所描述的卓越要比以往更加重要也更为紧迫。卓越是一个全天 24 小时每时每刻都在发生的活动。卓越势在必行。

卓越不存在道德"维度"。本书定义的卓越具有决定意义，必须体现于我们（每个人）所采取的每项举措之中。对团队成员、社区和我们的顾客所采取的人道的、体贴的、充满关爱和包容的姿态必须成为我们的主要谋生之道。它们并非只是"我们的组成部分"，它们就是我们本身。是的，我们绝不能继续在种族和性别等问题上虚度光阴——我们必须把解决这些问题当成我们的公司使命、我们的策略和日程行为评估中的一个（乃至唯一的）核心任务。也许，我是说也许，当如今最严重的动荡尘埃落定，我们可能会步入一个全新的时代。彼时以人为本，充满关爱、同情心和包容的领导之道、人们事事追求卓越会成为规范而不是鲜有人问津的做法。

新冠肺炎疫情下的领导术六要诀

保持善良

体贴入微

保持耐心

学会宽恕

保持在场

设身处地

简而言之，今天是一个实施积极改变、为更美好的世界埋下种子的无与伦比的好机会。对我来说，差一点点的全身心投入也是不合情理的。请采取行动，但不要搞砸了！

现在就要实现卓越。

现在就要以人为本。

现在就要把人本主义做到极致。

现在就留下你的遗产（否则你就不会留下什么遗产）。

我相信，本书提供了一个让世界充满卓越、充满以人为本、充满关爱、充满同情心和充满包容性的企业领导术的相当完备的路线图。追随这一路线图并不会让当前的新冠肺炎疫情、社会和政治难题就此消失。不过，它能带领我们创造或者维系一个"拼尽全力"致力于其所有成员成长及其所在社区福祉的公司。这是一种所有领袖每天都可以为之努力的贡献——一种以某种微妙的方式处理我们所面对棘手问题的贡献。

对于我们的团队成员、顾客、社区和我们个人来说，这些目标的实现多么美妙、多么令人为之振奋啊！不过，成功并非易事。

这一旅程应该从今天开始。直白地说，作为领袖（本书假定其读者是一位领袖——事实上，我们都应该且也能够成为领袖），（正处于危机之中）您如何行事可能成为您人生遗产的一个或唯一一个决定因素。结果可能更好，也可能更糟。

以人为本/极限职员投入

（或不然）

就在此刻

（或永远不）

充满关爱、同情心和包容的领导术

（或不然）

就在此刻

（或永远不）

极限社区参与

（或不然）

就在此刻

（或永远不）

极限可持续性

（或不然）

就在此刻

（或永远不）

产品和服务能够鼓舞人心、让世界多一点美好、让我们感到自豪

（或不然）

就在此刻

（或永远不）

任何事情都推行极限人本主义

（或不然）

就在此刻

（或不然）

任何事情都追求卓越

（或不然）

就在此刻

（或永远不）

"简历美德"与"悼词美德"

"我一直在思考'简历美德'与'悼词美德'之间的区别。简历美德指您罗列在简历上的那些美德和您带到就业市场、有助于您取得外部成功的技能。悼词美德更为深刻，是指在您的葬礼上人们谈到您时会提到的美德，您在世时最核心的美德——您或许善良、勇敢、诚实或忠诚、友善等。"

——大卫·布鲁克斯（David Brooks），《品格之路》（*The Road to Character*）一书的作者

站在巨人的肩膀上

当然，如果人们对我的工作赞赏有加，我会很高兴。不过，事实上，套句俗话，我只是站在了巨人的肩膀上。我发表演讲时，如果我的演示文稿总共有 50 页，其中大概 30 页会用到其他杰出人士的话。

因此，在本书中我会让别人——如西南航空公司的赫布·凯莱赫（Herb Kelleher）和科琳·巴雷特(Colleen Barrett)、玛格丽特·撒切尔、无人能够模仿的理查德·布兰森爵士（Sir Richard Branson）、美国广告名人堂及企业界巨星琳达·卡普兰·泰勒（Linda Kaplan Thaler）和本·富兰克林（Ben Franklin）——承担重担。本书基本上会把他们的话，而不是我的话，置于优先位置。我只是进行一下组织、简要点评再持续加以推动。毕竟，"真正"致力于创造卓越、全力投入，经过杰出培训并不断为顾客（一个大致精确的估计）

提供令人难忘、情感上引人入胜、令人精神振奋的产品和服务的是那些巨人而不是我。因此，请重视他们并向他们学习。

一个请求

按我的标准来说，这是一本很薄的书——我的《解放型管理》（*Liberation Management*）有 900 多页。如前所示，本书实际上是从我的演示文稿中成千上万个引言里精挑细选的 300 个引言的引言库。事实上，您可能只需要花一个小时——或者最多两到三个小时就能看完这些内容，或许您还会一边看一边点头称是。

不过，在此，我有个不情之请，或者说一个恳求。是的，您可能一下子就能"看完"这些引言。然而，我诚心地希望您能花几个月，或者几年，或者您整个职业生涯真真切切践行这些见解或应对之策。在我的想象（或希望）中，您会品味一番这些布兰森式或凯莱赫式的理念，在头脑中加以反复忖度。好好消化一下，再把某些最深刻的见解跟朋友或同事探讨。事实上，我们完全可以说这些引言都反映了某种生活方式。

举例来说，我们考虑一下非常成功的软件公司门罗创新公司的首席执行官理查德·谢里丹（Richard Sheridan）的以下说法："以下说法听起来可能像是一些非常极端、反传统、近乎疯狂的商业理念。 不过——尽管这听起来很荒谬——我们工作场所的核心信念是快乐。快乐是我们公司存在的理由，是我们整个团队唯一的共同信念。"

这真是一个"清新出奇"的理念！"快乐是我们公司存在的理由。"他这样说是认真的，他也是这样做的，而且其结果也证明了这一点。尽管这有些极端，不过，您能想象自己的世界中存在这种现象吗？对于谢里丹和我来说，您草率的回答是一种侮辱。

我可以向您保证，如前所述，这些话都出自一些极具真知灼见者之口、之笔或键盘。这些引言是对他们卓越的人生或让这个世界在任何场景下都变得更美好的贡献的总结或终曲。

因此，不要看一条，点点头然后再看下一条，要反思，反思，再反思："嗯，这一条能用于我的世界吗？"

是的。

反思！

反思！

再反思！

然后，独自或跟同辈同心协力按照那些有道理的引言采取行动。

恳求各位！

听我说，我非常在意这些东西。正因为如此，我才游历了 63 个国家，行经 30 多万英里（1 英里 =1.609 千米）。谁也不知道我为了讲这个故事多少次"熬红了眼"。我一再恳求读者认真对待理查德·谢里丹等人士的理念（见前文）。我真的非常在意"这一切"，我真的知道这有用。

我已经 78 岁了。这是我的最后一击——是我让商界和非商界领袖听取我的想法的最后一搏。

恳求各位。

恳求各位。

（真的！）

目　录

议题 **1**

重中之重

1.1

硬（数字/计划/公司结构）即软，
软（人/关系/文化）即硬

"商界的'硬件'和'软件'这两个术语暗示，在某种程度上数据是真实、有力的东西，而情感是虚弱、不那么重要的东西。"

——乔治·科尔里瑟（George Kohlrieser），《谈判桌上的艺术》（*Hostage at the Table：How Leaders Can Overcome Conflict，Influence Others，and Raise Performance*）

我这一生只收获了 6 个字：硬即软，软即硬。

硬（数字/计划/公司结构）即软：数字可随时进行人为操纵；计划往往流于幻想；公司结构跟该公司实际的运作方式关系不大。举一个完全恰当的例子："定量分析专家"和评级公司的职员对毫无价值的按揭"衍生物"进行了巧妙的包装和评估，从而刺激了 2007—2008 年以来导致数万亿美元损失的金融危机。

软（人/关系/文化）即硬：最佳的"人力实务"（关爱、培训、认可）能建立最健康的、有社区意识的公司——同时赢得市场。有效的人力实务、鼓舞人心的设计、着迷的顾客、不遗余力提供协助的供应商都是人们长年累月培育出的支持性文化的副产品。

这是《追求卓越》一书的核心意义，也是我如今工作的核心意义。事实上，这是我每一本书的核心意义。有些人已经接受了"硬即软，软即硬"这一理念，不过，恐怕这一理念还没有成为规范。如前所述，我们正深陷新冠肺炎疫情与深刻的社会和政治动荡之中。富有人性的、体贴的行为实际上比以往更加重要，而且重要得多！

任务清单

1.1 硬即软，软即硬。时机已经来临。现在就是好时机。要事第一，从您下次面对面/在家办公/Zoom会议开始。

令人意想不到的谷歌软技能

"氧气计划的发现令人震惊：在谷歌高层员工的 8 个非常重要特质中，STEM（科学、技术、工程和数学）专长名列最后。前面 7 个重要特质全部都是软技能：做一个好教练；沟通和倾听；具有对他人的洞察力（包括其他不同的价值观和观点）；对同事有同理心和给予支持；批判性思维；解决问题的能力；能够跨越复杂的体系和想法建立连接。这些特质更像一位英语专业或戏剧专业毕业生的特质而非一名程序员的特质。"

"亚里士多德计划……进一步支持了软技能在很多领域，乃至在高科技领域的重要性。亚里士多德计划分析了有关创新型和高效团队的相关数据。谷歌对自己的高层团队引以为荣。该团队汇集了众多一流科学家，每个人都具备最专业的知识，都能提出一个又一个前沿理念。不过，其数据分析显示，该公司最重要、最富有成效的理念都出自其中层团队，然而该团队成员并不一定是公司最聪明的人。亚里士多德计划表明，谷歌最好的团队具有一系列软技能：平等、大度、对团队成员想法的好奇心、同情心和高情商等。其中，稳居首位的是情感安全感。这里不存在欺凌。"

——瓦莱丽·施特劳斯（Valerie Strauss），《谷歌员工令人惊讶之处及其对如今的学生有何意义》，《华盛顿邮报》(*Washington Post*)

对于谷歌和硅谷等高科技公司来说，"软件"至少像马里兰州安纳波利斯一家饭店的桌椅那样重要。这是一个轰动性的发现。如今回想起来，当时我对此一点儿也不感到惊讶。这也应当成为让所有领袖采取行动的响亮号召。

任务清单

1.2 　当我读到谷歌的这份报告时，作为一个"见多识广"的职场人士的我半天没反应过来，也许我当时甚至倒吸了一口凉气。我真的希望您也会倒吸一口凉气，然后字斟句酌地把这份报告读上三四遍并展开激烈的探讨。（据此您应该能够列出一大堆任务清单。这一信息再清楚不过了吧？天啊，还是来自谷歌的信息！）

软即硬："同情心经济学"
同情心能拯救生命
同情心能提升底线

"往往人们让我们认为同情心或善良这种情感是柔弱的表现而非强大的表现。我们太容易屈服于以下谬论，即凶恶在某种程度上等同于强硬而同情心毫无力量。不过，本书有证据表明情况刚好相反。"

——来自科里·布克（Cory Booker）参议员为《同情心经济学》（*Compassionomics*）一书所作的序言

《同情心经济学》是两位卫生保健实务研究者的一部著作。它是一部有关卫生保健的图书，但并不是一部纯粹关于卫生保健的图书。这是一部有关领导术的图书——是我这几年读过的最好的有关领导术的图书。这是一部有关商业的图书——其中所述做法（不论其背景如何）能带来好得多的结果。也许，《同情心经济学》能对我所提及的"硬即软，软即硬"理念做出最好的说明。

该书的主笔，斯蒂芬·特恰克（Stephen Trzeciak）是一位医学博士，也是一位研究人士。在他跟安东尼·马扎雷利（Anthony Mazzarelli）博士共同撰写的这部著作中，有关定量研究的报告随处可见，而且这些研究都经过详细审查。不过，这些研究的主题是同情心。在该书中，无数证据表明，同情心对卫生保健颇有益处。最重要的是，它能拯救无数生命（加快康复、减轻副作用、改善心智等）。此外，它通常还能为卫生保健提供方带来大得多的收益。

其导论部分写道："如果您得知'适者生存'这一令达尔文人尽皆知的短语并非达尔文首创，也许会感到十分惊讶。事实是著名的英国生物学家和人类学家赫伯特·斯宾塞（Herbert Spencer）读过达尔文有关进化的观点后创造了这一短语。时间长了，这一表述被误解后成为一种被人们广泛接受的信念，这意味着达尔文的观点为好勇斗狠行为提供了理由。

事实上，达尔文的结论非常不一样，甚至可以说更加非同凡响。达尔文认为，对他人最具同情心的社区会'最兴旺并育有最多的子孙后代'。简而言之，大量科学证据都支持同情心的确能保护各个物种这一观点。"

一页又一页，一章又一章，特恰克博士和马扎雷利博士提供了大量令人信服的、无可辩驳的有关同情心力量的证据。读者朋友们，我可以毫不含糊地说，《同情心经济学》（再说一次，该书是我多年来读过的有关领导术的最佳图书）中所报告的有关研究百分之百适用于任何商业或公司。

阅读本书。

跟他人分享。

依据本书不容置疑的结论采取行动。

同情心让生活更美好。

同情心拯救生命。

同情心颇有益处。

硬即软，软即硬。

任务清单

1.3 不要真的"阅读本书"。相反，要研究本书，将本书融入您的世界。跟您的同辈一起制作一份行动项目清单。(不要忘了，让您的"同情心经济学"真正发挥作用需要您深入进去——并改变您的公司文化。)

软优势

我认为商界来到了一个十字路口，那些具有硬优势的人在这里支配着相关叙事和探讨……在绝大多数公司内部和经理之间进行得如火如荼的名利之争就是一种软硬优势之争……

太多公司在自己的软优势卓越方面投入的时间和金钱太少……造成该错误的三大原因包括：

- 硬优势更容易实现量化。
- 成功的硬优势投资能够带来更快的投资回报。
- 首席执行官、首席财务官、首席运营官、董事会和股东们只在乎财务指标……

现在我来说一下为什么要在您公司的软优势方面投入时间和金钱：

- 软优势能带来更大的品牌认可度和更高的收益；它是走出商品之城（Commoditville）的门票。
- 软优势更强的公司更容易挺过重大战略失误或突发灾难……
- 硬优势是进行竞争的绝对必需品，但它提供的只是一种稍纵即逝的优势。

——里奇·卡尔加德（Rich Karlgaard），《软优势：优秀公司持久成功的秘密》（ *The Soft Edge：Where Great Companies Find Lasting Success* ）

《软优势：优秀公司持久成功的秘密》中多个标题都支持

以下信息："信任""团队""品味""聪明""故事"。

在此透露一下：比起我自己对"软"的定义，我更喜欢里奇·卡尔加德的定义！他整本书都在探讨这一议题——也许该书尚属首例，我对此感到无比兴奋。

"软技能"：行动中缺失的东西

"读医学院的时候，我花了几百个小时学习使用显微镜——我永远不需要了解也不会使用的一项技能。但是，没有一节课教过我沟通或团队技能，而这是我走进医院后每天都需要的东西。"

——彼得·普罗诺佛斯特（Peter Pronovost），《安全的病人、聪明的医院：医生的检查清单如何帮助我们彻底改变卫生保健》（*Safe Patients，Smart Hospitals：How One Doctor's Checklist Can Help Us Change Healthcare from the Inside Out*）

普罗诺佛斯特运营着约翰·霍普金斯重症监护室。他把检查清单引入了卫生保健，并拯救了成千上万人的性命。一般来说，专业学校，如医学院、工程院和商学院，以往关注"软件"的记录少得可怜。对我而言，解决这一巨大赤字是我终生最高目标。

"当我坐下来倾听一个又一个强调那些非同凡响（让该公司如此健康）的非传统活动——以人为本的原则、领导风格、社区文化等——的演讲时，我靠过去小声地反问了首席执行官一个问题：'你的竞争对手究竟为什么不做这些事情呢？'稍微过了一会儿，他近乎伤感地跟我耳语道：'你知道，我真的觉得他们看不上这些事情。'"

——帕特里克·兰西奥尼（Patrick Lencioni），《优势：组织健康胜于一切》（*The Advantage：Why Organizational Health Trumps Everything Else in Business*）

任务清单

1.4 "他们看不上这些事情。"唉，经过几十年的观察，我认为这一点千真万确。关于这一点，您怎么看？恳请您不要急于回答。请反思一下您上周上次跟某个团队成员会面时的重要对话。那场对话是否能反映或清晰地体现您对"软件"的重点关注？我恳请您将软件当作您最重要的日程安排——永远如此。如果您能做到这一点，不论您从事哪个行业，您都在做软件生意！

硬即软，软即硬：（我希望）就从此刻起

过去 43 年中，我一直在"非常虔诚地"（几近于此）推动、呼吁、乞求人们接受"硬即软，软即硬"这一理念。只是我远远没能做到自己所希望的那种程度。不过，现在这六个字有可能脱颖而出，因为我们周围的动荡加快了这一趋势。

面对新冠肺炎疫情导致的状态和不断爆发的社会动荡，有些领袖的表现值得称道，而有些领袖的表现则不然。

记忆是难以忘却的。我相信，那些表现良好的人——那些真正以人为本的人——最终可能走向舞台中央，而那些专业的削减成本高手、盲目的技术采纳者和无情的"股东价值最大化论者"可能被边缘化。也许人们过度滥用了"新常态"这

一词语，但是，或许这就是"硬即软，软即硬"这一理念能够得以实现的时刻。尤其是考虑到疫情的后果和人们对社会不公大大加深的意识，无论在小微企业还是在大型企业中，那些接受上述理念的领袖将成为我们首选的、人们交口称赞的榜样。

硬即软，软即硬：结语

"第一步是估量哪些东西容易进行估量。到目前为止，这一步没有什么问题。

第二步是摒弃那些无法估量的东西，或者赋予其一种临时数值。这一步因人而异，而且具有误导性。

第三步是假定那些无法估量的东西不太重要。这一步是盲目的。

第四步是说出无法估量的东西并不真正存在。这是自杀。"

——丹尼尔·扬克洛维奇（Daniel Yankelovich）论分析模型的局限性

1.2

招聘：
软技能、情商优先、全力工作

"简而言之，雇用是商业最重要的方面，但可悲的是人们一直误解了雇用。"

——菲利普·德尔夫斯·布劳顿（Philip Delves Broughton），《万事开头难》，《华尔街日报》（*Wall Street Journal*）

> **任务清单**
>
> **2.1** 亲爱的老板，您能否坦然宣称自己是一位成熟的招聘专业人士？如不然，您打算怎么办？这是您的职责所在，也是商业最重要的方面，您不应该把它留给人事部门。

"我们（在招聘过程中）最终的甄选标准就是我们只雇用好人。评估完应聘者的技能后，我们会做一件叫作'遭受夹击'的事情。我们会让他们跟 15 个或 20 个人互动，他们每个人都有一张票，我称之为'黑球票'，这意味着他们可以投票决定我们是否应当雇用那个人。我非常信奉文化，一颗老鼠屎会毁掉一锅汤。我们拥有足够的真正有才华的人员，他们都是好人——你不需要容忍犯浑的人。"

——彼得·米勒（Peter Miller），奥皮特诺斯（Optinose）公司首席执行官

任务清单

2.2 阅读，再阅读，分享。药物学领域不应该出现这样的词汇。要特别重视"有足够的真正有才华的好人"。

任务清单

2.3 聘用好人。这关乎工作的方方面面。若非如此，为什么？

"当我们谈及希望人们拥有的素质时，同情心是一种非常重要的素质。如果您同情他人，您就能把工作做好。如果您无法做到同情他人……就很难帮助他人进步。

所有事情都变得越来越困难。彬彬有礼是同情心的一种体现……它不仅指表面上的礼貌，还指真正尽力预料到他人的需求并提前满足他人的需求。"

——斯图亚特·巴特菲尔德（Stewart Butterfield），斯莱克公司（Slack）的共同创建人和首席执行官

"我们希望雇用充满热心和关爱、真正具有利他主义精神的人。我们希望雇用乐天派。"

——科琳·巴雷特（Colleen Barrett），西南航空公司前总裁

"我们无数次拒绝了那些炙手可热的球员，选择了我们认为更好的球员，也无数次见证了这些球员比那些大牌球员更为出色的工作。在课堂上如此，在球场上也是如此——当然，他们毕业后也是如此。一次又一次，那些身价很高的球员逐渐沦为平庸之辈，而我们那些后起之秀经过艰苦努力成为全明星或美国第一球

队的队员。"

——波·史钦贝克勒（Bo Schembechler），传奇美式足球教练，《令人终生铭记的教导：传奇教练教您永恒的领导术精髓》（*BO'S Lasting Lessons：The Legendary Coach Teaches the Timeless Fundamentals of Leadership*）

雇用具有高情商的人：1.7% 与 50% ~77%

"最初我以为护理跟化学、生物学、物理学、药理学和解剖学有关。如今，我知道，护理学事实上跟哲学、心理学、艺术、伦理学和政治学有关。"

——克里斯蒂·沃森（Christie Watson），《护士的故事：善良的语言》（*The Language of Kindness：A Nurse's Story*）

"我们也从宾夕法尼亚大学 IMPaCT 项目的经历中吸取了经验，在该项目中我们找到了一种很有创意的雇用社区卫生人员（CHWs）的方法，他们是卫生保健大军中快速增长的一群人。采用我们的方法后，人员流失率降为 1.7%，而该行业年标准流失率高达 50%~77%。我们雇用的人员取得了很多成就。多项随机控制试验的结果表明，我们的社区卫生人员有助于提升保健质量，同时病人的住院时长也减少了 65%……

什么能够帮助人们变得健康并保持健康呢？……我们询问过数千名高危病人并列出了病人所面临障碍的清单。我们让人们集思广益提出可能的解决方案，然后列出卫生人员所需要的特质……在该心愿清单中位列前茅的特质包括社区工作人员身份和利他主义……同样重要但令人惊讶的是，该清单中并没有本科、硕士学位甚至曾经的临床培训等内容……通常，简历、毕业证和培训证书是卫生保健组织用来评估候选人时所需要的资料……它们能说明候选者的个性或态度。"

——埃琳娜·巴特勒（Elena Butler）和莎瑞娅·坎格威（Shreya Kangovi），《卫生保健供应者正在聘用错误的人》，《哈佛商业评论》（*Harvard Business Review*）

任务清单

2.4 我觉得这无须多加解释，只需要一再重复：50%~77%的流失率与1.7%的流失率；住院时长减少65%。请您反思一下，然后将其付诸实践。从现在开始。

聘用：请使用平实的语言！

善良

同情心

礼貌

倾听

热心

充满关爱

利他主义

微笑

记得说"谢谢"

社区人员身份

服务导向

"更好的人"

不要犯浑的人

任务清单

2.5 这些特质——正如此处所提到的特质（而非那些呆板的官僚主义说辞）——是否也是您在招聘时对所有岗位的聘用要求？如果不是，为什么？

聘用"软件"的新形式：
爱那些没人爱的人
文科学位

一般来说，刚毕业时，拥有商科或专业学位的人（工商管理硕士、工程师、律师等）比刚毕业的文科毕业生拥有更高的面试录取率和起薪。

入职 20 年时，文科毕业生会比那些商科或专业学位毕业生晋升到更高的职位。在某家大型科技公司，43% 的文科毕业生都进了中高层，而只有 32% 的工程学毕业生进入了中高层。在某家大型金融服务公司，根据公司的评估，60% 表现差的经理都是工商管理硕士，而 60% 表现好的经理只拥有文科学位。

——源于迈克尔·尤西姆（Michael Useem）的研究，转载于亨利·明茨伯格（Henry Mintzberg）的《深入探究管理及管理发展的软实践》（*A Hard Look at the Soft Practice of Managing and Management Development*）

相关著作：

- 《文艺呆与科技宅：文科教育统治数字世界》（*The Fuzzy and the Techie：Why the Liberal Arts Will Rule the Digital World*），斯科特·哈特里（Scott Hartley）著。
- 《能力迁移：比学习能力更重要的是可迁移能力》（*You Can Do Anything：The Surprising Power of a "Useless" Liberal Arts Education*），乔治·安德斯（George Anders）著。
- 《意义构建：人文学科在算法时代的力量》（*Sensemaking：The Power of the Humanities in the Age of the Algorithm*），克里斯琴·马兹比尔格（Christian Madsbjerg）著。
- 《成长的边界》（*Range：Why Generalists Triumph in a Specialized World*），大卫·爱波斯坦（David Epstein）著。

> **任务清单**
>
> 2.6　无论相关企业属于什么性质，都需要聘用文科求职者。聘用更多戏剧专业毕业生！聘用更多哲学专业毕业生！聘用更多历史专业毕业生！

1.3

培训：企业最重要的资金投资

"培训，培+训，更多的培+训。"

——切斯特·尼米兹（Chester Nimitz）将军，太平洋战区盟军总司令，1943年跟美国海军作战部部长厄内斯特·金的通信。珍珠港事件时期美国海军准备严重不足。如何补救？训练。按照尼米兹的说法，训练比装备更重要。

如果您觉得培训并非最重要的事情，可以问问陆军的将军、海军的将军、空军的将军、足球教练、箭术教练、警察局长、剧院导演、飞行员、急诊室或重症监护室的负责人、核电站的站长或者某个出色餐馆的老板。培训是一种资本开支——不亚于最重要的企业投资。

我们大部分人都从事商业，我一直很惊讶，常规的"像消防员"一样的培训、成长和发展寥寥无几。我们会时不时上门课或者开个会，但从没有进行持续的专业投入。

特别声明：这适用于一个所有人都处于核心地位的只有一名或六名员工的公司，也适用于拥有更多职员的公司。

"从根本上说，一直以来我更像一位训练教练而不是一位比赛教练。因为，我坚信只有训练出出色的队员，比赛才会出色。"

——约翰·伍登（John Wooden），《他们叫我教练》（They Call Me Coach）

"所有人都想赢，更重要的是愿意为了赢而做好准备。"

——鲍比·奈特（Bobby Knight），《奈特的故事》（*Knight, My Story*）

"如果给我六个小时的时间砍倒一棵树，我会先花一个小时磨斧子。"

——亚伯拉罕·林肯（Abraham Lincoln）

我发表过无数次演讲，但每次的主题都差不多。不过，为了下一场为时 45 分钟的演讲，我会准备 30 个小时的时间。我靠准备谋生——其他的不过是细节。

有关培训的调查：
如若不然，为什么？

您的首席培训官（CTO）——而不是首席执行官或首席运营官——是否是薪资最高的职位？如若不然，为什么？当然，我清楚您或许根本没有首席培训官。您的首席培训官是您的首席技术官，对吧？真丢人。真愚蠢。

您的高层培训人员的收入或待遇跟您的高层营销人员或工程师相当吗？如若不然，为什么？

您的培训课程是否精彩无比，令您激动不已呢？如若不然，为什么？

如果您在大厅任意拦住一名职员，他们能详细描述自己未来 12 个月内的培训和发展计划吗？如若不然，为什么？

四大令人沮丧的赌局

赌局 1：超过一半的首席执行官将培训视为开支而非投资。

赌局 2：超过一半的首席执行官认为培训是防御性的而非进取性的。

赌局 3：超过一半的首席执行官认为培训是不得已之事而非战略机遇。

赌局 4：超过五分之四的首席执行官在公司视察 45 分钟都不会提及培训问题。

我赢下所有四个赌局的可能性非常大，这说明领导层非常愚蠢。

任务清单

3.1　我曾经明确说过：培训就是最重要的资金投资。如今情况越发如此，因为我们在人工智能时代追求的是差异化。请再仔细斟酌。您同意这一观点吗？如若不然，为什么？

任务清单

3.2　请详细审视您的培训方法和相关投资。全面评估您每门培训课程的质量。评估培训人员的素质。评估对每一位雇员所进行培训的质量。这是一个首要的战略问题；相关工作不能急于求成。（您或许需要外来人员的协助。）

培训：一种培训和学习的文化

按照我所提议的规模开展培训远非一项程序化活动。我承认我还要再重复一遍，但将培训作为最重要的资金投资是一种存在方式，一种最好的文化特征。第三个议题——人最重要——描述了一种全心全意投入于极限雇员参与和成长的环境。在这张极限雇员成长增强因素清单最顶端的就是……"培训，培+训，以及更多的培+训"。

任务清单

3.3　在您的公司，您会把培训和发展作为一种最佳的文化特征吗？您赞同应该这样做吗？请知无不言，直言相告。

培训：结语

"把人们培训得足够好，他们可能离开。对人们足够好，他们会不愿意离开。"

——理查德·布兰森（Richard Branson）的推特

问：我们当地的斯巴鲁销售商，附近一家有 25 张餐桌的饭店，拥有 9 名员工、为我们提供帮助的电器修理铺，旧金山交响乐团，旧金山 49 人队，它们之间的培训需求有何不同？

答：没有区别。

您明白了吗？

1.4

基层领导是最大的优势

"在一支伟大的军队中，将军的职责就是支持自己的军士。"

——汤姆·威廉（Tom Wilhelm）上校，载于罗伯特·卡普兰的《会成为可汗的人》，《大西洋月刊》（Atlantic）

事实：如果团长失去自己的大部分少尉、中尉、上尉和少校，那会是一场悲剧。如果团长失去了自己的军士们，那将会是一场灾难。

事实：陆军和海军都一清二楚，战场上的胜利在极大程度上取决于它们的军士和军士长——基层管理者的数量。

工商业领域也跟军队的看法相同吗？我的答案是：不！

企业认为让合适的人做它们的基层主管很重要吗？当然。

但是，它们认为基层领导配置完备就是公司最重要的实力吗？

不！

"不明白这一点"是一种最高层级的战略失误。试看下文。

基层领导

基层领导是……

- 企业生产效率的主要决定因素。

- 雇员留存的主要决定因素。

- 产品和服务质量的主要决定因素。

- 公司文化的主要承载者和体现者。

- 实现卓越的主要配角。

- 雇员可持续发展的主要拥护者和推动者。

- 跨部门卓越的主要驱动者。

- 最重要的企业实力。

这是一份非常重要的清单，对吧？而且，这里没有一点点夸张。我只要求您反思一下最后一项：最重要的企业实力。如果您接受上面这一清单，这一点就不言自明。基层领导几乎是所有重要事务的主要决定因素。因而，他们自然是最重要的企业实力。

有关基层领导的七大疑问

1. 您是否真正理解并按照基层领导是公司关键领导角色这一事实行事？

2. 人事专员（和高层管理者）是否针对基层领导个人和基层领导这一群体的发展予以特殊的关注？

3. 您是否会把大量的时间用于挑选基层管理者？

4. 您是否愿意忍痛空置某个基层管理者职位直到您能找到某个很棒的人为止？

5. 您是否有该行业最好的基层管理者培训和继续发展项目？

6. 您是否非常认真、严谨而持续地对基层管理者给予指导？

7. 您的基层管理者是否获得了其岗位应得的关注、认可和尊重？

任务清单

4.1　　请认真分析上述七大疑问。您对每个问题持何立场？

任务清单

4.2　　在填补下一位基层领导岗位的空缺之前，请再全神贯注地读一读这一部分。

基层领导：底线

毫无例外，从全世界范围来说，50%~75%的雇员对自己的工作"并不投入"。

其中，最重要的原因是老板很糟糕。请立即深入评估您的基层管理者。没有哪项战略举措比升级您的基层管理者阵容更为重要。

任务清单

4.3　　请考虑开展一项严谨的"基层领导卓越项目"。将其列为头等战略优先事项。请即刻开始。

1.5

女性占据支配地位

"如果你需要信口开河、会说话的人，得找个男人；如果你需要找能具体做事儿的人，得找个女人。"

——玛格丽特·撒切尔（Margaret Thatcher），在英国城市妇女公会联盟会议上的演讲

大量证据表明女性是最好的领袖

"麦肯锡咨询公司的研究表明，为了取得成功，各公司应当首先给女性晋升。"

——纪思道（Nicholas Kristof），《推特、女性与力量》，《纽约时报》（New York Times）

"麦肯锡咨询公司发现，公司董事会中女性居多的跨国公司在净资产收益率和其他方面要比一般公司的表现好得多。其营业利润也要高出 56 个百分点。"

——纪思道，《推特、女性与力量》，《纽约时报》

"作为领袖，女性占据支配地位：新研究表明，女经理几乎在任何方面都比那些男经理出色。"

——《彭博商业周刊》（Bloomberg Businessweek），专栏标题

"在 16 项杰出领导能力中的 12 项能力的评分方面，女性高

于男性。其中，女性超出男性得分最多的两个特质——主动而为和注重实效——向被视为男性特有的优势。"

——杰克·曾格（Jack Zenger）和约瑟夫·福克曼（Joseph Folkman），《女领导比男领导强吗？》，《哈佛商业评论》（*Havard Bussiness Review*）

在本节，您会发现"女性是更好的领导……"。很显然，我指的是"平均而言"。有非常了不起的男领导，也有非常糟糕的女领导。不过，"平均而言"（或者说，往往在很大程度上），女性在某个方面总是略高一筹。

"就个人经验而言，女主管比男主管强得多。"

——基普·廷德尔（Kip Tindell），货柜商店集团的首席执行官，《无法阻挡：激情、投入与理性资本主义如何成就企业，助力员工成长》（*Uncontainable：How Passion，Commitment，and Conscious Capitalism Built a Business Where Everyone Thrives*）

我列出上述引语，并非暗示"盖棺定论"（虽然我多多少少认为可以盖棺定论了），也并非暗示应该把所有男领导扔进垃圾桶。

我要指出的是，毫无疑问，如果领导团队中女性的比例不够大——不足40%——那么您的公司正在犯一个头等战略绩效错误。

唉，路漫漫……

"由女性管理的大公司的数量比叫约翰的男性管理的大公司

的数量还要少。"

——贾斯汀·沃尔夫斯（Justin Wolfers），《由女性管理的大公司的数量比叫约翰的男性管理的大公司的数量还要少》，《纽约时报》（*New York Times*）

在一项对 2482 名经理的 360 度反馈的研究中，劳伦斯·普法夫及合伙人公司（Lawrence A. Pfaff & Associates）发现：

"历时五年多的研究表明，男经理和女经理的领导技能水平存在巨大差异。该研究包括来自 459 家公司的 2482 名各个层级的经理（1727 名男性和 755 名女性）……

在雇员的评分中，女性经理在 20 项中的 17 项的评估得分高于男性经理。男性经理和女性经理在其他三个领域的得分持平。在老板们对 20 项技能领域的打分中，女性经理在其中16 个领域的得分都高于男性经理，而且她们在这 16 个领域的领先优势都很大……

普法夫说：'我们的头两项研究对以下普遍看法，即女性只在所谓的更软性的某些方面，如沟通、支持他人和正面思考等方面略胜一筹提出了质疑。这一利用五年多时间所搜集数据进行的新研究再一次表明上述普遍看法是错误的。'……

普法夫说：'此类数据的统计学意义非常重大，在五年多时间里，通过对 2400 多个对象的数据搜集，我们发现平均来说，在任何一个衡量领域评分者都没有为男性打出更高的分数。'"

任务清单

5.1 自 1996 年起，这就是我最关心的话题。当时，我所在的培训公司的总裁希瑟·谢伊（Heather Shea）为我召开的一次会议让我大开眼界，参会者是来自大型公司、新成立企业、教育界和其他领域的一群女性领导，她们都特别棒。上述研究只不过是冰山一角。越来越多有关女性领导效能，以及相对领导效能的证据都可以称得上"令人震撼"。因而，此处的任务清单就是要告诉您，如果您的公司在管理层级上连最基本的性别平衡都不具备，毋庸置疑，您正在犯一个重大的战略性业务效能错误。

顺便说一下，我要说的是企业的组织效能问题，而非"社会正义"问题。虽然我认为社会正义至关重要，而且我在个人和事业方面都为之努力，但它并非本书聚焦的最重要议题。

女性的谈判优势

- 为对方设身处地着想的能力。
- 全面、专注、细致入微的沟通风格。
- 有助于建立信任的同理心。
- 充满好奇心的积极倾听者。
- 不太争强好胜的态度。
- 强烈的公平感和说服能力。
- 积极主动的风险管理者。
- 协作性的决策。

——奥拉西奥·法尔考（Horacio Falcão），《像女性那样说话：为什么 21 世纪的谈判者需要女性风格》，《世界商务》（*World Business*）

女性是一流的企业主

"女性所有企业的成长和成功是当今商界正在发生的最深刻的变革之一。"

——玛格丽特·赫弗南（Margaret Heffernan），《女性的方式：女性企业家正如何改变商场成功的规则》（*How She Does It：How Women Entrepreneurs Are Changing the Rules of Business Success*）

赫弗南提供的更多相关数据：

- 女性所有或控制的美国公司：1040 万个（占所有美国公司的 40%）。
- 女性所有企业中美国雇员的数量超过了世界 500 强企业的雇员总数。
- 女性所有公司的增长率是所有公司增长率的两倍。
- 女性所有公司创造就业岗位率是所有公司创造就业岗位率的两倍。
- 女性所有公司维持营业的可能性是所有公司维持营业可能性的一倍多。
- 营业收入百万美元以上、雇员百人以上的女性所有公司的增长率是所有公司增长率的两倍。

女性在投资方面的蓝带技能：选自《巴菲特像女人：颠覆常识的性情投资心理学》（*Warren Buffett Invests Like a Girl：And Why You Should，Too*）

- 比男性易手少。
- 不会过于自信——更可能知道自己并非了解所有东西。
- 比男性投资者更懂得避险。
- 没男性那么乐观，更现实一些。
- 投入更多的时间和精力研究可能的投资——会考虑细节和其他观点。
- 对同辈压力的免疫力更好——不论在谁面前都倾向于以相同的方式进行决策。
- 在错误中学习。

——劳安·洛夫顿（LouAnn Lofton），《巴菲特像女人：颠覆常识的性情投资心理学》

"一旦女性涉足金融，她们会比男性强，因为男性专注于短期表现而女性眼光更长远。"

——凯茜·墨菲（Kathy Murphy），富达投资总裁

女性优势大比拼
新经济需求

女性"……会跟员工建立联系而非将他们分成三六九等；更喜欢互动——协作型领导风格（支持比下压式的决策强）；更习惯分享信息；认为权力再分配是一种胜利而非投降；乐于接受模棱两可；看重理性也看重本能；天生富有弹性；能欣赏文化多样性"。

——朱迪·B. 罗姗娜（Judy B. Rosener），希拉里·欧文总结于《在教室里造就领袖》（*Creating Leaders in the Classroom*）

鉴于企业结构和网络结构的新变化，人们会更多地宣扬有关女性领导技能的积极评价。当情况模棱两可时，传统的、严格的等级制度无处可寻，女性表现出的相对优势比以往更加重要。

任务清单

5.2

- 女性是更好的领袖。
- 女性是更好的谈判者。
- 女性是更好的企业主。
- 女性是更好的投资者。
- 女性更满足新经济的需求。

请认真考虑一番，然后依此行动。立即着手。

领导术/女性/新冠肺炎疫情

大量报道和评论指出，在应对新冠肺炎疫情方面表现较好的国家大都是女性领导的国家。尽管样本量不大，我和很多人一样都认为这一结果非常重要。

虽然很多男性都具有同情心而很多女性也缺乏同情心，但总的来说，女性往往会表现出更多的同情心或其他"软"（实际上很"硬"）特质。

因此，联系到新冠肺炎疫情和种族不平等问题，我有关应该由更多女性担任领导，在人数方面至少应该与男性领导数量相当的观点得到了非常有力的支撑。

1.6

持久的社区责任，
极限社区参与

"社区"是一个十分奇妙的词汇。在我认为最有道理的对该词汇的词典定义中，最核心的定义就是"互相关爱"。那么，社区一词最重要的意义就是能唤醒"关爱"。

只要考虑一下社区，您的商业视野就会远远超越那些电子数据表。当然，我们要做出优异的工作，但这种优异的工作应当源于一种致力于所有成员茁壮成长的合作型冒险。此外，各公司就等于植根于其所在社区及其雇员所在社区之中的社区，也就是其客户和供应商所在的社区。在公司的所有表现之中，责任、关爱和关怀应该成为其标志。

当我们面对新冠肺炎疫情及接近崩溃的社会和政治架构时，这些东西的重要性会增加十倍乃至百倍。

简单地说，如今有分量的领袖会把培育充满关爱的内部和外部社区作为自己日常和战略日程表上最重要的事情。

有意思的是，那些最优秀的领袖早就明白这一点。在《小巨人：不做大也能成功的经营新境界》（*Small Giants: Companies That Choose to Be Great Instead of Big*）中，保·伯林翰（Bo Burlingham）指出了小巨人式成功的四大支柱，第一大支柱便是："每个公司都跟其展开业务所在的当地城市、城镇或县具有异常亲密的关系——这一关系远远超出了'回馈'这一常见概念。"

我们大部分人一辈子都在做生意——雇员人数从一个至成千上万不等。众所周知，那些生意都植根于社区之中。因而，如果您头脑清醒，就会认识到，生意并非社区的一部分，生意就是社区本身。如此说来，就其定义而言，它们具有重大的直接或间接社区责任——从环保决策到保健再到支持教师和学校体系等。我再次重申，在本书写作之前，那种责任从未如此显而易见。

事实上，我要求企业全天候、明明白白地致力于极限社区参与。没有极限社区参与，就无法实现卓越。事情就是这样。

言外之意：商业策略和日常企业运作活动如何才能直接促进社区发展？试考虑以下方面：

- 业务执行团队有关对极限社区参与承诺的正式表述。
- 由内外部人士组成的顾问委员会负责体现公司的社区承诺并对内部社区参与活动予以间接监督。
- 在进行严谨的社区影响分析之前不应做出任何会造成严重后果的，涉及雇员、设施、所服务客户、所使用供应商和受影响社区的决策。该理念具有普遍性：人们在思考和做出决策之时要考虑到社区发展和社区伙伴关系，要将它们作为大大小小的决策的组成部分。
- 将极限社区参与添加到领导绩效评估的各个环节。

任务清单

6 没有卓越的社区，就没有卓越的商业。仔细想想。您接受我的基本假设吗？如果不接受，为什么？如果您真的接受了，您会采取什么具体措施尽快提高社区参与度？

1.7

普遍的包容性：
所有行动，所有决定

"我很欣赏您有关黑命贵运动（Black Lives Matter）的帖子。现在，请用一张您公司高层管理团队和董事会的照片跟下帖。"

——布里克森·戴蒙德（Brickson Diamond），多元化咨询公司一问百答（Big Answers）首席执行官

"我很羞愧，在我的公司里面，主管以上职位没有一位黑人雇员。"

——安妮·沃希基（Anne Wojcicki），基因检测公司23andME 的首席执行官

罗素3000 指数指出：2019 年全美黑人主管仅占管理层的4.1%（黑人人口占比13.4%）；2008 年全美黑人主管仅占3.8%。

欧普斯联合公司（ØPUS United）的首席执行官奥马尔·约翰逊（Omar Johnson）在《纽约时报》上发表了一份整整一页的声明，其中写道：

亲爱的美国白人商界……我明白了。我知道你们的初衷无可挑剔……但事实上，你们现在只是发出疑问，这本身就有问题……你们应该做正确的事情。但是，你们并不知道该怎么做……

首先……请听好……要学会倾听黑人雇员的声音。多年来他们一直在发出警告。不过,您不应止步于此。要深入挖掘那些冷冰冰、铁一般的数据。了解黑人雇员在您公司所处的位置——更重要的是,他们从未触及过的位置。开会时,数数有几张屈指可数的黑人面孔。注意您在进行决策对话时黑人无声的语言。如果您这样去做,对于这一问题您就会一清二楚……

我能做些什么呢?

在您的公司,您需要雇用更多黑人。毋庸讳言。

一方面,这意味着您需要一劳永逸地解决该"管道"挑战。那么,请加倍努力招聘、吸引、发展、提升黑人人才,请资助支持黑人孩子及其未来的教育机构。

另一方面,这意味着帮助黑人人才出人头地,将权力和权威交给黑人领袖。黑人职员的留存和晋升跟招聘和雇用同等重要。

分析一下您所在公司的定位,为自己设定目标,激励人们实现那些目标,对它们进行认真而不懈的评估。

任务清单

7.1 请马上读一下伊莎贝尔·威尔克森(Isabel Wilkerson)所著的《美国不平等的起源》(*Caste: The Origins of Our Discontent*)这本书。

请马上行动

不公/包容并非一个战略问题。

不公/包容是一个战术问题,它体现在每次招聘、每次雇用、每次晋升和每次评估决定之中。

不公/包容无关明天。

不公/包容无关今天。

不公/包容关乎此刻，看看您15分钟后再次开会时面前真实的或虚拟的办公桌周围的情况。

不公/包容无关领导术。

不公/包容关乎学习——阅读、观察、讨论，以及单独或集体弄清楚自己不欣赏的、未观察到的或不了解的东西，每次沿着学习曲线前进一步。

任务清单

7.2 您有两只眼睛。睁开眼睛。考虑一下包容性。现在环顾一下四周。您的所见所闻能通过该包容性考验吗？您不知该如何回答？今天就开启您的口头/视觉/书面包容性学习课程。

1.8

管理是人类成就的巅峰

往往，管理是件令人讨厌的事情。总要有人来做这件事：一头是上司的出气筒，一头是满腹牢骚的雇员的出气筒；出了问题要承担责任而功劳都归大老板所有。

或者，管理应当顺其自然。管理是人类成就的巅峰 / 一生之中最大的机遇；中长期的成功管理在于全力高效地帮助团队成员成长、进步，使他们成为一个个充满活力、不断自我更新的致力于不懈追求卓越的公司中的个体或贡献者。

"人类成就的巅峰"这一说法可能听起来有些夸张，甚至有些荒谬。然而，对我来说，这是一个牢不可破的信念。帮助他人成长——尤其在此动荡不已的时代，还有什么东西比这个更重要呢？同以往一样，如今事实证明这的的确确是造就成长和高盈利的方式。

任务清单

8 　详细探讨一下"人类成就的巅峰"这一说法。它高不可攀吗？如果是的话，您应如何应对？您认为领袖角色的巅峰是什么？"当领导完全就是做人事"的说法精确吗？大家都是如此认为的，还是它只是您个人的看法？它在您今天以及本周的工作中有何体现？

重中之重

如果您能接受并积极按照以下"重中之重"清单行动，我会不胜欣喜，而您也会向着卓越大步前进：

- 硬（数字/计划/公司结构）即软，软（人/关系/文化）即硬。
- 招聘：软技能、情商为先、全力工作。
- 培训：企业最重要的资本投资。
- 基层领导是最大的优势。
- 女性占据支配地位。
- 持久的社区责任，极限社区参与。
- 普遍的包容性：所有行动，所有决定。
- 管理是人类成就的巅峰。

议题 2

卓越就在于接下来的五分钟

2.9

卓越就在于接下来的五分钟

"日复一日，无从记起，但那些特别的瞬间令人久久难忘。"
——切撒莱·帕维塞（Cesare Pavese），诗人。

卓越并非某种"抱负"。卓越并非一座"有待攀登的高山"。卓越就在于接下来的五分钟。（否则，卓越就无从谈起。）

卓越就在于在接下来的五分钟内您在某个真实的或虚拟的"过道"上跟别人的对话。

否则，卓越就无从谈起。

卓越就在于您的下一封电子邮件或短信。（这话说得太对了！如果您给我找来某个领袖最近的 10 封电子邮件，我就能准确地评估他或她的性格和效力。）

否则，卓越就无从谈起。

卓越就在于您下次会议的前三分钟。

否则，卓越就无从谈起。

卓越就在于闭上嘴巴，认真倾听——真正的倾听/"积极的"倾听。

否则，卓越就无从谈起。

卓越就是在您优质客户的母亲要做大手术时往医院送鲜花。

否则，卓越就无从谈起。

卓越就是对"举手之劳"深表谢意。

否则，卓越就无从谈起。

卓越就是竭尽全力以最快的速度对"小纰漏"做出回应。

否则，卓越就无从谈起。

卓越就是在一个令人扫兴的雨天带着鲜花去上班。

否则，卓越就无从谈起。

卓越就是记住您全部 14 名团队成员的孩子的姓名和年级。

否则，卓越就无从谈起。

卓越就是不辞辛劳地学会金融人士（或信息系统或采购领域）的思维方式。

否则，卓越就无从谈起。

卓越"远超"为一场 3 分钟的展示所做的准备。

否则，卓越就无从谈起。

卓越是什么？或许 100 个人会有 100 个不同的看法。这说得过去。不过，我希望在这本书中为我所认为的最有意义的卓越所下的定义，以及实现卓越的方法说句话。《追求卓越》一书根据长期业绩对卓越进行了定义。不过，这也引发了一个问题，或者说一个终极问题。您如何才能实现那种长期的超级效能呢？虽然有些武断，但我极其坚定地认为，那些出色成果的核心和基石的确就是在 1 小时前刚结束的一场会议后您在"大厅"跟他人进行的一场为时 5 分钟的线上或线下的对话；或者，您打算马上"发送"的一封只有 7 行内容的电子邮件。

"底线"：

5 分钟之前的对话有没有"体贴的味道"？

在刚刚这次"对话"中，作为领袖的您有没有把 80% 的时间用在倾听上？（如果有……您真的确定用了 80% 的时间吗？）

这次倾听有没有转化为百分之百的专注〔按下文引述的苏珊·斯科特（Susan Scott）的说法，"激烈的倾听"〕？

您所使用的语气是否积极（相关研究表明，积极行为比显得消极的行为或评论强大 30 倍）？

总体来说：

您在这一简短对话中是否敷衍、心不在焉或者面无表情？或者，它是否是让雇员们敬业且志存高远并带来长期优异业绩（创新、无与伦比的质量、令人震撼的设计、社区参与、"底线"成果等）的卓越范例？

对于一封只有 7 行内容的电子邮件来说，情况同样如此，是的，（的确）没什么两样。

它是否避免了所有拼写错误——否则，如何在实施中示范何为卓越？

该电子邮件的开头是"你好，凯！""你好，安娜！"你会选用这种个性化而又不失礼节的问候语还是十分唐突乃至不人性化的用语？

举例来说，您提出要求时是否用到了"提前表示感谢"这样的用语？您所用的词汇和语气符合本公司文化吗？

"言过其实了。"您说。

对此，我要说，请再想想：

您做到了卓越吗？（还是没有？）

诚然，这是我的书——因此，我恳请您跟我一起踏上这一神圣的将卓越嵌入我们每时每刻活动之中的旅程。哦，我的所见所闻显示，一般来说，在接下来的 5 分钟内就实现卓越真的令人兴奋。对我来说，这一点毋庸置疑，尽管我完全没有暗示自己能百分之百实现这一目标。

任务清单

9.1　请在这件事情上花点儿时间，不要与之擦肩而过。确切来说，卓越对您意味着什么？（请拿出实例。）卓越对您的同辈们意味着什么？（恳请你们在这一点上达成一致意见。）

任务清单

9.2　如果您相信我所说的 5 分钟行动，请练习一下深呼吸。（我并非一名冥想者，因此，我并非在推销某种观点。）我所说的"练习深呼吸"指的是暂停下来进行思考：

走进某个会议室或参加某场 Zoom 会议时，专注于"倾听"。不要干扰对方。永远不要！

对于任何您听闻的努力做出明显且积极的回应，以便"突破极限"，哪怕有一点点突破也好。

确保自己的积极回应与消极回应的比例至少达到 5∶1。

点击"发送"按钮之前，请反思一下电子邮件的质量。（这一封小小的电子邮件也能反映出我是一个怎样的人。我自己喜欢这样一封邮件的内容吗？）

在面对面的情况下，走进大厅时要非常认真地与对方进行眼神接触。

……

（您是否做到了卓越？）

2.10

卓越：机构业绩

人类进步事业

"商业的存在是为了改善人类福祉。"

——米哈里·契克森米哈赖，《优秀商业：领导力、流动、创造意义》（*Good Business：Leadership，Flow，and the Making of Meaning*）。该作者最著名的著作为《心流：最优体验心理学》（*Flow：The Psychology of Optimal Experience*）。

"商业的诞生是为了创造幸福，而不是为了堆积亿万财富。"

——B. C. 福布斯（B. C. Forbes），《福布斯》（*Forbes*）创刊号，1917 年 9 月

"增进人类福祉"这一说法听起来非常高尚，而且也像一个抽象概念。不过，考虑到迎面而来的各种变化，人们有必要要求商业准备好迎接米哈里·契克森米哈赖所提出的挑战。

现在我们先暂停一下。我认为本书中的理念无异于我们如何在当下生存的理念——它们并非可有可无的理念。不过，我必须补充几句：本书所建议的是一种令人心满意足的生活方式、一种您可能为之而骄傲的方式、一种对您所在社区的贡献。没错，赚的钱要比花的钱多才行。但是，除了制定新的

电子表格并详加审阅之外，生活还包括很多其他东西。假设我开了一家零售店。总的来说，生意很难做，而新冠肺炎疫情还挥之不去，还有一辆亚马逊无人售货车（无人机？）在店铺旁边开来开去，让生意更加难做。不过，受到我鼓励的基层雇员的事业稳步上升，这让我非常激动。站在付款处几英尺（1 英尺 =0.3048 米）远的地方，花 45 秒的时间听一位敬业而开朗的收银员跟一位顾客开并无恶意的玩笑——该顾客今天因此心情愉悦，这让我非常激动。问题的意义就在于此，不是吗？（更多内容：见下文有关极限人本主义的部分。）该收银员和顾客之间的戏谑就像一面放在核磁共振仪上的小镜子，后者可以让病人与护士进行眼神接触并大大改善病人的体验。将这些改进放大 100 倍或 1000 倍，我们就能获得一个能促进事业成功的巨大战略优势。此外，这也会让您在地球上这段短暂的时间内享受自己从事的事业。）

企业的卓越：
服务于他人（顾客/社区）的人
（基层团队）获得他人（领袖）的服务

> 机构的卓越 = 服务于他人（我们的顾客和社区）的人（我们的团队成员）获得他人（领袖/经理）的服务
>
> ——灵感来源于罗伯特·格林里夫（Robert Greenleaf）的《仆人式领导：探寻合法权力和伟大的实质》（*Servant Leadership：A Journey Into the Nature of Legitimate Power and Greatness*）

企业的卓越只跟两件事情有关：人和服务。卓越 = 服务。

企业为团队成员、顾客、供应商和我们的社区服务。在某种意义上，按照契克森米哈赖的说法，企业以某种渺小的方式为人类服务。

任务清单

10

"商业的存在是为了增进人类福祉。"这句话在我脑海中不断萦绕。我对此深信不疑。您呢？您的同事们呢？在今天的活动中，这到底意味着什么？我/我们今天对人类的福祉做出了积极的贡献吗？我非常清楚，您每一天都在忙个不停。这就是您的问题所在——也是您的机会所在。您开始为人类福祉努力了吗？您是否展现了这种只能（或无法）展示在您和您的团队的下一次微行动中的宏图大志？

2.11

卓越：真正以人为本

"根据牛津大学学者卡尔·贝内迪克特·弗雷（Carl Benedikt Frey）和迈克尔·A. 奥斯本（Michael A. Osborne）的看法，今后 20 年内，几乎一半的美国工作岗位都会面临计算机化的高度风险。"

——哈利特·泰勒（Harriet Taylor），《机器人会如何终结"大经济"》，美国全国广播公司财经频道

"我们的问题的根源在于，我们并非处于大萧条或大停滞时期，相反，我们正处于一次伟大重组的最初阵痛之中。我们的科技正突飞猛进，但我们的技能和组织落伍了。"

——埃里克·布林约尔松（Erik Brynjolfsson）和安德鲁·麦卡菲（Andrew McAfee），《与机器赛跑》（*Race Against the Machine*）

作为一名领袖，您主要的道德义务在于根据未来几年内您（暂时或长期）领导的所有人的"革命性"需求，尽您的最大能力发展他们的技能。（意外收获：这也是最重要的中长期成长和盈利最大化策略！）

这是我为生活于失控的人工智能时代的当代领袖所建议（要求）的"生死存亡"信条。

卓越/道德管理

来自世界各地的民意调查的结果出奇地一致：75%～85%的人（工人）都对自己的工作不满或不敬业（见盖洛普2016年"全球雇员敬业度危机"）。当然，出状况的产品带来的技术压力或影响越来越大。但是，此类因素无须且也不应该妨碍经理创造一个支持性的、人道的、个人成长驱动型的环境。

经理们能守住自己的饭碗，靠的就是不论自己处于什么处境（尤其是逆境）都会创造一种积极的、敬业度高的工作环境。

事实上，当周围的世界处于水深火热之中时（笔者写作之时，情况就是如此），一位伟大领袖的主要标志完全在于创造和维系一种热情洋溢的、有效的、支持性环境。处境糟糕时，他不会无情地推动那些短期财务目标，情况最差时他会表现出真正的情谊、同理心和关爱。（供您参考：个人认为，某个团队中75%的成员都不敬业是"领袖"一个巨大的过失。）

任务清单

11

对我而言，这是一个个人问题。您和您的领导者是否愿意"认同"以下观点："作为一名领袖，您主要的道德义务在于根据未来几年您（暂时或长期）领导的所有人的'革命性'需求，尽您的最大能力发展他们的技能。"

供您参考：您对于这一问题的回答将决定我过去40多年是不是在浪费时间。（小提示：我是认真的。）

2.12

卓越的基石：
（始终）在人际关系上投入大量时间

"发展亲密而持久人际关系的能力是领袖的标志之一。不幸的是，很多大公司的领袖都认为自己的工作在于制定战略和组织架构，并负责监督组织进程。他们只是把工作分配完毕，此后便对做这些工作的人不闻不问了。"

——比尔·乔治（Bill George），美敦力公司前首席执行官，《诚信领导》（*Authentic Leadership*：*Rediscovering the Secrets to Creating Lasting Value*）

"盟军司令部非常依靠各方的相互信赖，而这种信赖的获得首先靠的是建立友谊。"

——德怀特·D. 艾森豪威尔（Dwight D. Eisenhower）将军，引自以披露著名军官领导"秘籍"为特色的杂志《轮椅将军》（*Armchair General*）。（"或许艾森豪威尔在西点军校最突出的能力就在于他能够游刃有余地交朋友并赢得背景各不相同的学员们的信任；这一品质将极其有利于他未来的盟军指挥工作。"）艾森豪威尔在第二次世界大战期间取得了很大成功，其主要特征在于他具备杰出的能力，可以将彼此（重大）摩擦不断的盟军各方聚在一起。

"人际关系是使所有进步、成功和成就在现实生活中得以成长的沃土。"

——本·斯坦（Ben Stein），投资大师

建立最好的人际关系就是胜利，它是所有进步、成功和成就在现实生活中得以成长的沃土。

但是，正如比尔·乔治所暗示的，很多（大多数？）领袖"不懂"这一点。无疑，他们都认为"人际关系非常重要"。但是，他们对于致力于建立并维系人际关系缺少必要的热情或痴迷。

是的，激情、痴迷、投资。

绝没有任何捷径可走。

卓越的人际关系需要时间，大量的时间。

同以往一样，如今这一点毫无改变。

任务清单

12.1 您正式的人际关系投资策略到底是什么？今天的策略是什么？本周的策略是什么？本月的策略是什么？人际关系的确立体现了"软即硬"这一理念。因此，我建议您（或者说是要求您。我想我无法命令您，但我希望能够命令您）为正开展的人际关系投资制订正式的计划。而且，我建议您"要求"机构内所有领袖（事实上，包括非领袖）制订这样一个计划。

任务清单

12.2 在发展人际关系过程中能否清清楚楚体现卓越应该成为晋升至任何领导岗位的最重要指标。（举例来说，考验每个候选人在工作单位内外的人际网络的状况。）

2.13

卓越：中小型企业。
无与伦比的雇主/无与伦比的创新者

"试图逃离大型公司生活的准企业家们经常问我：'我怎样才能为自己建一家小公司？'答案看起来非常明显：买一家很大的公司然后等待。"

——保罗·奥默罗德（Paul Ormerod），《达尔文经济学：为什么会失败，怎样做能成功》（*Why Most Things Fail：Evolution，Extinction and Economics*）

"福斯特先生及其麦肯锡公司的同事们搜集了过去 40 年 1000 家美国公司详细的业绩数据。他们发现这些公司中的长期幸存者没有一家的表现超过市场平均水平。更糟的是，在该数据库时间越长的公司表现越差。"

——西蒙·伦敦（Simon London），《不太适应者的长期生存》，《金融时报》（*Financial Times*）

事实上，从长期来看，那些巨头公司表现很糟。在福斯特的研究中：40 年中这 1000 家公司没有一家超过市场平均水平。就业及美国经济（以及每个人的收支）层面唯一的亮点在哪里？中小型公司！

"相关研究表明，新的小型公司几乎创造了所有新的工作岗位——而且它们表现出了不成比例的创新性。"

——格维斯·威廉姆斯（Gervais Williams），超巨级基金经理，《如果小型公司代表未来，那么我们都会是大赢家》，《金融时报》（*Financial Times*）

绝大多数管理"大师"（包括我在内）好像都认为商界只包括财富 500 强企业和富时指数前 100 名的企业。事实上，我们大部分人，或者说 80% 以上的人，都在中小型企业打拼，而这些企业大多都籍籍无名。我们的名字叫作中小型企业。

没什么比在某个舞台上实现了当之无愧的卓越更让我们兴奋，尽管他人可能不屑于该舞台而将其视为世界上某个古怪的无聊角落。

举例来说，在新西兰一个叫作莫图伊卡的小镇的闹市街头，有一扇不起眼的门，通往家族企业科平斯（W. A. Coppins）公司的运营部和生产车间。无论从哪一个角度来看，科平斯公司都是设计制造海锚及相关产品领域当之无愧的业界领袖。科平斯公司有很多苛刻的客户，其中包括美国海军和挪威政府。（诸如科平斯这种体型小巧但举世无双的公司真的让我开怀大笑。）

供您参考：美国家族企业（根据肯尼索州立大学《家族企业对美国经济的贡献：深入观察》一文）创造了：

64% 的国民生产总值。

62% 的就业。

78% 的新工作岗位。

"在跨国怪物两腿之间往来飞奔的敏捷生物……"

——《德国的增长：新规则，旧公司》，《彭博商业周刊》（*Bloomberg Businessweek*）论德国中小型公司的效能。利基主导的中型公司是德国能够取得出口成功无可置疑的引擎。

关于中小型企业卓越的特性，伯林翰在其大作《小巨人：不做大也能成功的经营新境界》中指出：

"1. 基于个人接触、一对一互动和诚实守信的互相承诺……他们跟客户和供应商之间培育了特别亲密的关系。

2. 每个公司跟其开展业务的当地城市、城镇或县之间都建立了特别亲密的关系——这一关系远远超过了通常概念上的'回馈'……

3. 这些公司都具有令人印象深刻的特别亲密的工作场所……

4. 我注意到了这些公司的领袖为公司带来的热情。他们很喜欢相关主题，无论该主题是音乐、安全照明、食品、特效、啤酒、记录存储、建筑、吃饭还是时尚。"

请注意，这些成功因素都是所谓的"软"特质。

中小型企业超级巨星/励志阅读书目

- 《小巨人：不做大也能成功的经营新境界》（*Small Giants: Companies That Chose to Be Great Instead of Big*），保·伯林翰著。
- 《从平庸到平凡：企业组织获得成功的极简法则》（*Simply Brilliant: How Great Organizations Do Ordinary Things in Extraordinary Ways*），威廉·泰勒（William Taylor）著。

- 《治愈性机构：唤醒企业的良心拯救世界》（*The Healing Organization：Awakening the Conscience of Business to Help Save the World*），拉吉·西索迪亚（Raj Sisodia）和迈克尔·盖博（Michael Gelb）著。

- 《激情经济：如何把热爱变成生意》（*The Passion Economy：The New Rules for Thriving in the Twenty-First Century*），亚当·戴维森（Adam Davidson）著。

- 《零售巨星：全美最棒的 25 家独立商店》（*Retail Superstars：Inside the 25 Best Independent Stores in America*），乔治·沃林（George Whalin）著。

任务清单

13 如果您的目标是为了学习（我想您是为了学习，否则您就不会阅读本书了），那么，在出版物上或"现实生活"中找找那些特别小的或小一些的公司并向它们学习。跨出您的业务领域或舒适区，这一点特别重要。举例来说，一位餐馆老板学习医院重症监护室的管理方法或反过来，诸如此类。求教始终是一种制胜策略！

2.14

卓越：充足

先锋基金的创始人、无销售佣金/无发行费用指数基金之父、几十年来美国成功的投资人，已故的杰克·博格（Jack Bogle）写了一部非常棒的书，书名叫作《足够：金钱、商业、人生准则》（*Enough: True Measures of Money, Business, and Life*）。该书以下片段开篇：

"在谢尔特岛的一个亿万富翁聚会上，库尔特·冯内古特（Kurt Vonnegut）告诉他的朋友约瑟夫·海勒（Joseph Heller），宴会的主人是一位对冲基金经理，曾创造单日盈利超过海勒最负盛名的小说《第二十二条军规》（*Catch-22*）全部版税收入的战绩。海勒回应道：'没错，但我已经拥有了他永远无法拥有的东西——知道什么是足够。'"

博格著作的核心理念体现于各个章节的标题之中：

"成本太高而价值不足"

"太多投机而投资不足"

"过于复杂而不够简洁"

"算计太多而信任不足"

"商业行为过多而专业行为不足"

"推销过多而看管不足"

"管理过多而领导不足"

"过多专注于事而承诺不足"

"'成功'过多而个性不足"

（供您参考：我应邀为《足够：金钱、商业、人生准则》一书的纸质版撰写序言，这是我此生兴奋的事情之一。）

任务清单

14 　请阅读一下该书！反思一下：书中内容在多大程度上适用于我的日常职业生涯——尤其是我希望建立的那种机构？

2.15

卓越：不足。
股东价值最大化的惨败

试看以下例证：

1. 在著作《哈佛风云录：从哈佛商学院看美国精英教育中的特权与野心》（*The Golden Passport*）中，达夫·麦克唐纳（Duff McDonald）写道："1970 年，诺贝尔经济学奖获得者米尔顿·弗里德曼（Milton Friedman）在《纽约时报》上发表了一篇名为《商业的社会责任在于增加自己的盈利》的文章。"

弗里德曼的文章标志着股东价值最大化时代的开端。我最近写的一篇说明文的题目叫作《股东价值最大化：曾经导致现代商业道德意义上的破产、（非法）破坏力无出其右、如今正引发社会动荡的经济理念》。是的，我对此深信不疑——尽管文章题目有点儿长！

2. 威廉·拉佐尼克（William Lazonick）在《哈佛商业评论》（*Harvard Business Review*）上的文章名为《缺少繁荣的盈利》，该文从定量的角度批驳了股东价值最大化：

事实上，我们依赖某些人对生产能力进行投资以增加共同繁荣，但这些人把公司的绝大部分盈利都用于增加他们自己的繁荣了。

试看以下来自《缺少繁荣的盈利》一文的节选：

2003—2012 年，449 家标准普尔 500 指数所覆盖公司公开上市：2.4 万亿美元利润中的 91% 被用于股票回购和分红。

余下的 9% 被用于"提高生产能力或增加雇员收入"。弗里德曼这一恶性运动启动之前，该份额为 50%。

（令人难以置信的/让人做噩梦的）转变：

1970 年：50%，工人/研发/生产投资策略，"留存进行再投资"。

2012 年：9%，工人/研发/生产投资策略，"裁员和分流"。

3. 兔子急了也可能咬人。哈佛商学院史上最伟大的教授约瑟夫·鲍尔（Joseph Bower）和彭恩霖（Lynn Paine）在《哈佛商业评论》上发表了题为"公司领导术核心谬误"一文，文中写道：

现在到了质疑公司治理模式的时候了。股东价值最大化的说法让公司/领袖无法专注于创新、策略更新或进行需要他们重视的未来投资。历史已经证明，如果拥有开明的管理和合理的规范，公司就可能帮助社会适应不断发生的变化。不过，只有主管和经理们完全能够自行决定以更长远、更广阔的视野看待公司及其业务，这一场景才可能发生。只要想到自己可能会遭受不负责任的"所有者"的突然袭击，今天的商业领袖除了专注于当下并无多少选择。

4. 摒弃短效的股东价值最大化，做"长远规划"/回报惊人。

麦肯锡公司的总裁多米尼克·巴顿（Dominic Barton）、

詹姆斯·马尼卡（James Manyika）和莎拉·基欧汉·威廉姆森（Sarah Keohane Williamson），发表在《哈佛商业评论》上的一篇题为《数据：长远规划大有裨益》的文章写道：

> 为了量化公司层面短效主义的影响并评估其对于美国经济的累加影响，我们对 615 家美国非金融公司（代表美国总市值的 60%～65%）2001 年至 2014 年的数据进行了追踪研究。我们采用了多个标准度量作为长期行为指标，其中包括资本支出与折旧比（一种投资计量方式）、应计利润占收入的份额（一种盈余质量指标）和边际增长。为了确保结果有效、避免样本偏差，我们只把相关公司与具有相似机会和市场条件的同行进行了比较。校正了公司规模和行业后，我们选出了 167 家（约占总数的 27%）具有长期导向的公司。

巴顿等人的研究结果：

2001—2015 年：长期投资者与其他投资者相比：

平均公司收入：+47%

平均公司收益：+36%

平均公司经济利润：+81%

平均股票市值：+58%

平均创造工作岗位数：+132%

无可争辩！

+132% 这一数据尤其值得深思。

任务清单

15

读者中担任巨头级上市公司首席执行官的人可能不多。那么，这一点对于我们这些凡人有多大用处呢？在某种程度上，它是"硬即软，软即硬"理念的终极扩展。事情是这样的：短效主义是一个圈套、一种错觉，整体上对于个人和社会都具有破坏性。中长期投资，尤其是在人和创新方面的投资，"最终"有益于员工、客户和社区。这种有关人/创新/长期的观点既适用于大公司也适用于当地一个仅有9人的管线服务公司。请根据上述理念、数据和您所处环境进行认真自省。

2.16

卓越是一种生活方式。
卓越是一种精神。
商业卓越取决于我们是什么人
以及做出怎样的贡献

按照我的定义，卓越首先是一种生活方式，一种时时刻刻、日复一日心怀关爱和尊重对待他人和社区的行为方式。

在很大程度上，卓越是一种精神。

坦率地说，通常我会避免使用"精神"之类的术语。毕竟，我擅长的是进行实用的、脚踏实地的分析，以及提出切实可行的建议。

在一位工程学双学位毕业生身上，您还能指望获得些什么呢？不过，当我反思卓越（尤其是在如今这种动荡时代）的力量时，显而易见，我希望可以站在教堂布道坛上向您传递这一信息。我们醒着的大部分时间都在工作，从而定义了"我们是什么人"。我们是怎样的领袖在于我们如何发自内心地为同伴的福祉做出贡献。因此，我把自己的犹豫扔到了一边，全身心地接受了"卓越"的精神实质。

如前所述，在我们当中，只有不到 10% 的人就职于财富 500 强企业或大型企业。然而，总的来说，我们大部分人都在某个公司上班。因此，实际上，商业状态也就等于社区/国家/世界的状态。那么，讨论商业（虽然听上去可能有些牵强）

就等于讨论文明自身的质量。因此，商业卓越就是重要的事情之一。

任务清单

16　　我们现在探讨的正是您的生活！（经过深思熟虑后）我认为，商业卓越在于我们是什么样的人及我们有怎样的贡献，因此它跟那些抽象的资产负债表相去有十万八千里之遥。

多年前，我把"卓越"一词引入了我的商务词典之中，巧合的是，当时我刚看完一场旧金山芭蕾舞团令人振奋的表演，正准备一场演讲。当时，我的想法大概是："为什么商务不能像跳芭蕾舞呢？"

"商业卓越。"

一种存在方式。

本书是我的"最后一搏"。

您认同我的看法吗？

议题 **3**

策略是一种商品，
执行是一种艺术

3.17

执行："我能行"/
"最后的95%"

"我能行。我们现在做的是有困难的事。所谓不可能之事也只是要多花点时间。"

——美国海军海蜂工程兵部队的座右铭

我的第一个领导术培训场在越南，培训时间为1966—1968年。不吹不黑地说，海蜂是美国海军1942年在瓜达尔卡纳尔岛建立的一支传奇工程兵部队。他们的职责就是完成不可能完成的任务。举例来说，他们要在13天之内在瓜达尔卡纳尔岛上建完一条飞机跑道、要在遭受攻击的情况下利用很差的装备在悬崖峭壁上工作，而且当时正刮季风。如今，79年后，那种精神、类似的成果仍然是海蜂的典型标志。

"兄弟们，别忘了执行，这是最重要的最后95%。"

——麦肯锡董事

一位麦肯锡的董事（高层职位）把头伸进了旧金山的一间会议室，在门口冲着我的团队成员和我喊道："兄弟们，别忘了执行，这是最重要的最后95%。"当然，他说的没错。在我此后的职业生涯中，促成《追求卓越》的有关麦肯锡的研究的全部动力都来自公司总裁让我专注于执行或执行有缺陷的指令。他问："汤姆，我们设计了这些非凡的策略，但客户无法实施。什么地方脱节了呢?"一次又一次，在各式各样的企业中，问题分析主宰了一切，执行被当作理所应当的事情。然而，事实上，执行正是"最后的95%"。

任务清单

17 　老生常谈："领袖用一种鼓舞人心的愿景把人们聚拢到自己身边，她需要找个经理处理相关细节问题。"好吧，我来做这名"经理"，您继续当"领袖"。一本好书并不源于某个了不起的想法——它来自于两年令人精疲力竭的研究，还有8次或12（或者20）次大的重写。因此，我的建议是：忘记您的魅力和那些虚头巴脑的东西。每天全力完成一些具体的事情。如果您是负责人，为您的团队招收一些一刻也闲不住的、稳妥的人。

3.18

执行：康拉德·希尔顿与
放进浴缸的浴帘

> "到了晚年，康拉德·希尔顿上了'今夜秀'。主持人强尼·卡森问他在建立自己的酒店帝国过程中学到了什么、有没有什么要对美国人说的。希尔顿停顿了一下，然后转过头对着镜头说：'请记得把浴帘放进浴缸里面。'"
>
> ——黛博拉·阿尔茨（Deborah Aarts），《加拿大商业》(Canadian Business)

过去5年，几乎我做的每场展示都会把希尔顿的这一说法放在第一张幻灯片。在酒店业务中，"地段，地段，还是地段"（以及找一位伟大的建筑师）这一理念非常重要；在地段的诱惑下，我第一次走进了酒店的门。不过，让我再次光顾并促使我向朋友们推荐该酒店的是（众多诸如）放进浴缸的浴帘之类的事情。

商人都非常清楚，往往刚开始做买卖时都会亏钱，到了第18次、第19次或第20次交易时才会赚钱——而且赚钱靠的也是（希望是病毒式营销）口碑和社交媒体。

（供您参考：希尔顿的故事背后还有一件至关重要的事情。如果说放浴帘这件事非常重要，那么放浴帘的人就是全体员工中最重要的人。这与以往我们对这些人的典型印象形成了鲜明对比。更多探讨见议题 4。）

任务清单

18 让别人招收工商管理硕士去吧。紧跟那些会把浴帘放进浴缸的人才是人生必胜策略。请回顾一下上一个工作日。您花了多少时间跟您所在机构中"放浴帘的人"相处？（在每个工作日结束时都问问自己这个问题。）

3.19

执行：简约为美/执行即战略/
执行的铁律

简约为美

"开市客（Costco）厘清了哪些是简单但重要的事情并带着全部的热情加以执行。"

——查尔斯·芒格（Charles Munger），伯克希尔·哈撒韦公司副主席

一直以来开市客的成绩都非常出色——开市客能取得这些成绩，在很大程度上有赖于它们始终毫不含糊地关爱那些真正完成机构日常工作（即"热情地执行"）的雇员。

执行即战略

"执行即战略。"

——弗雷德·马利克（Fred Malek）

1973—1974 年，马利克是我在白宫行政管理和预算局工作时的老板。马利克不喜欢那些虚头巴脑的东西，他想要的是成果。如今，没有鼓声，没有号声，也没有任何借口。（举例来说，我曾经在 48 小时内往返于华盛顿特区和曼谷之间，目的是为了在一场 15 分钟的会面中向我们的大使传

达一条简讯。马利克说我要做到"面对面"，我真的就照做了。事情就是这样的。供您参考：这真的发挥了作用。此前心怀狐疑的大使对我们正考虑的一个极其重要的项目给予了支持。）

"执行是商业领袖的事情……评估候选人的时候，我首先会看该候选人是否具有执行的干劲和热情……她会因为完成了任务而兴奋不已，还是一直纠结于战略或哲学？她是否会大谈特谈自己曾经克服过的障碍？她是否会解释分派给自己的人所发挥的作用？"

——拉里·博西迪（Larry Bossidy）和拉姆·查兰（Ram Charan），《执行：如何完成任务的学问》（*Execution：The Discipline of Getting Things Done*）

任务清单

19.1 请虔诚地把"博西迪规则"应用于您的招聘和晋职流程。

执行的铁律

"执行是一个系统的过程，包括积极地讨论方法和内容、坚毅地跟进及确保负责。"

——拉里·博西迪和拉姆·查兰，《执行：如何完成任务的学问》

铁律：如果你一直在谈论执行，执行就是可能的。否则，就不可能有执行。

问："事情就这么简单吗？"

答："在很大程度上，是的。"

任务清单

19.2 让以下做法成为您个人的铁律：在每一次对话和会议上，有关执行/实施/谁、什么、何时、下一步等转折点的讨论都应该成为首先和集中讨论的事情（例如，在一份有 30 张幻灯片的展示中将其中 15 张用于展示任务），尽快重申并在此后的跟进沟通中再加以重申。痴迷于执行并让大家都知道这一点。

执行/结束语

少了一颗钉子，失去了一只鞋子，

少了一只鞋子，失去了一匹马，

少了一匹马，失去了一个骑兵，

少了一个骑兵，错失了一条信息，

少了一条信息，输掉了一场战斗，

因为输掉了一场战斗，输掉了一场战争，

因为输掉了一场战争，整个王国就此崩塌，

所有这些都是因为少了一颗钉子。

来源：13 世纪的谚语

"战略是一种商品，执行是一种艺术。"

——彼得·德鲁克（Peter Drucker）

"业余人士讲战略。专业人士讲后勤。"

——R. H. 巴洛（R. H. Barrow）将军，美国海军陆战队

"不要指责他人。不要心存期待。要扎实做事。"

——比尔·帕塞尔斯（Bill Parcells），美国国家橄榄球联盟教练

议题 **4**

人最重要

"商业必须能够带来更富足、有意义的生活……否则，商业就没什么价值。"

《卓越的红利》（*The Excellence Dividend*）出版于2018年。相关宣传主要见诸大概20期播客。唯一例外的是，提问者做了很好的功课而且语言风趣。不过，有一件怪事儿。我敢肯定地说，在这20期播客中的15期当中，每次开场的问题几乎一字不差：

"汤姆，你讲了很多关于人的事情，为什么?"

我想给出的未删节的回答是："除了人之外，还有什么别的可谈的吗?"

商业是人来做的。

人最重要。

人排第二位。

人排……

人最不重要。

仅此而已。

那么……

4.20

人最重要：
让人们成为做梦都没梦过的人

"商业必须能够带来更富足、有意义的生活……否则，商业就没什么价值。"

——理查德·布兰森（Richard Branson），《商界裸奔：一切生意的绝对秘密》（*Business Stripped Bare：Adventures of a Global Entrepreneur*）

在 excellencenow.com 网站上，我有一个包括 27 章，共 4096 张幻灯片的演示文稿"大全"，以下是我第一张幻灯片上的文本。毋庸讳言，做出这一选择并不容易。不过，多年以来，我从未动摇过：4096 张中的第一张就是 4096 张中最重要的那一张。

定义：一位伟大的经理会拼命让每一位团队成员获得成功、成长和飞黄腾达。

任务清单

20.1 那么，作为老板的您是否会拼命（这一词汇系作者刻意挑选）这样做呢？

"无论情况怎样，这位伟大的经理的第一反应总是考虑个人，以及如何安排才能帮助这个人体验成功。"

——马库斯·白金汉（Marcus Buckingham），《关于伟大管理、伟大领导和持续的个人成功你需要了解的事情》（*The One Thing You Need to Know About Great Managing, Great Leading, and Sustained Individual Success*）（在这一领域，马库斯·白金汉是我最尊重的人。）

"导演的作用在于为演员创造一个空间，让他们超越以往的自我，超越他们梦想过的自我。"

——罗伯特·奥特曼（Robert Altman），导演

任务清单

20.2　反思一下奥特曼先生的措辞："超越以往的自我，超越他们梦想过的自我。"是的，说得太好了！不过，请思考一下这些字词的确切含义。如果您是一位领袖，上述说法与您对于自己角色的看法一致吗？（与您 24 小时内的行为一致吗？）

根据罗伯特·格林里夫的著作《仆人式领导：探寻合法权力和伟大的实质》，领袖必须问自己以下有关团队成员的问题：

"这些被服务者是否获得了成长？在接受服务的过程中，他们是否变得更健康、更聪明、更自由、更自立、更可能变成仆人？"

反思"仆人式领导"这一术语。如果您恰好还没读过格林里夫这部无出其右的大作，那就去读一下吧！

"想让全体职员有能力为顾客提供绝佳的服务，领袖必须给全体职员提供绝佳的服务。"

——阿里·维恩兹威格（Ari Weinzweig），金爵曼（Zingerman）公司联合创始人，《一位前无政府主义者建立一家伟大公司的方法》（*A Lapsed Anarchist's Approach to Building a Great Business*）

这看似非常简单，但又往往被熟视无睹。如果这就是规范，我也没必要写这本书了。事实上，我并不"需要"写这本书，我必须写这本书。这是我最后一次尝试说服您做理所应当之事。例如，"为全体职员提供绝佳的服务"。

"雇员们有怎样的体验，顾客就有怎样的体验……顾客永远不会比您的雇员更幸福。"

——约翰·蒂基利斯（John Dijulius）

（是的，这种说法的确称得上"深刻"。我想，指出来太多所谓的聪明人都"不明白"也称得上"深刻"。）

想让顾客感到震撼，首先你必须让使顾客感到震撼的人感到震撼。

以上为作者的说法，我承认自己近乎痴迷于"震撼"一词。

任务清单

20.3 那么，您今天让自己的工作团队感到震撼了吗？（强烈建议您使用"震撼"这个词。）

"从我雇用某人的那一刻起，我就开始为他们工作。"

——约翰·蒂基利斯（John Dijulius），《关系经济学：在数字化时代打造更坚实的客户联结》（*The Relationship Economy: Building Stronger Customer Connections in the Digital Age*）

任务清单

20.4 每天早上，当您走进办公室的门或参加第一场 Zoom 会议时，提醒一下自己：我为他们工作——而不是相反。

"在汉堡王，我并没有什么'使命宣言'。我有一个梦想，很简单的一个梦想。大概是'汉堡王有 25 万名员工，所有人都很重要'。所有人——会计、各系统的人，并非只是提供'得来速'服务的人。

每个人'都是品牌的一部分'。这才是我们所希望的东西，差一点儿都不行。"

——巴里·吉本斯（Barry Gibbons），汉堡王前首席执行官

"作为橘子银行（Tangerine）的领袖，我努力打造一种文化，让个人有办法真正茁壮成长、获得成功、喜欢自己的工作、拥有成就感和成长感。在这种文化中，所有团队成员都有话语权。为什么要这样做？因为善待自己的员工是一件非常划算的事情。当'小我'茁壮成长时，'大我'也会受益。因此，本书的名字叫作'我学'。我所说的'我学'指的是造就双赢。这是一种短期内雇员优先而长期内公司可能兴旺的方式……人们考量的是，一个公司——甚至一家银行——的运作不一定要受制于一系列数字……喜欢自己工作的雇员本身就是我们公司和公司文化最好的宣传

员，因为他们体验了'我学'，知道其所言非虚。"

——彼得·阿切托（Peter Aceto），橘子银行首席执行官，《我学：大我优先于小我造就双赢》（*Weology*：*How Everybody Wins When We Comes Before Me*）（橘子银行是一家非常具有创新力、非常成功的加拿大金融服务公司。）

"只有推动组织前进的人努力变成更好的自己，组织才可能变得最好……我们的雇员是我们第一批顾客，也是我们最重要的顾客。"

——马修·凯利（Matthew Kelly），《梦想经理人》（*The Dream Manager*）

马修·凯利的著作主要围绕一家家政服务公司，其主要观点是，每个雇员都有一个梦想，而这个梦想往往跟工作没有直接的关系（例如，一位兼职家政工人希望稍微提升一下自己的教育水平）。帮助雇员实现自己梦想的领导会换来更好的业绩。

任务清单

20.5　　　　您是否从事"实现雇员的梦想"这项业务呢？是的，这挺拗口的，我想您也不会百分之百地相信。不过，逻辑上这一点无可挑剔。因此，劳驾您认真思考一下"实现梦想"这件事并读一下凯利先生的大作。

"我们以绅士和淑女的态度为绅士和淑女们服务。"

——丽思卡尔顿酒店的信条

在酒店业务中，传统上，人们对待基层职员的态度更像是对待炮灰而不是"绅士和淑女"。（"我们是绅士和淑女"）这一尊称被认定为一种不可更改的核心信念，它（确实）非常重要。（供您参考：抛开其损益表现，丽思卡尔顿一向被认为是美国让人向往的公司之一。）

"矛盾的是，在这里建立东道文化并不需要客人的参与……真正的东道艺术领袖会首先专注于自己的雇员……拿到这家酒店后，我们立刻检查了整个酒店并进行了一次'体贴翻新'。我们没有翻新浴室、餐厅或客房，相反，我们为雇员做了新工作服、买了鲜花和水果并更改了酒店的颜色。我们的专注点完全在职员身上。我们希望他们开心。我们希望他们每天早上一醒来就对新的一天的工作感到兴奋。"

——扬·贡纳松（Jan Gunnarsson）与奥勒·布洛姆（Olle Blohm），作家、管理"大师"及酒店所有人

任务清单

20.6　"体贴翻新"是一个充满灵感的术语。您如何看？（您的"体贴翻新"可能是怎样的？请详细谈谈。）

患者次之

"做完手术回家后，谁都不会说'天啊，这是我见过的最好的缝合术！'或'亲爱的，他们没割错肾！'相反，我们会谈到照顾我们的人、协调整个流程的人——包括从接诊人员到护士到外科医

生的所有人。我们不会只在餐桌旁讲故事。我们也会通过跟朋友或同事的对话，以及脸书或推特等社交媒体分享我们的经历。"

——保罗·斯皮格尔曼（Paul Spiegelman）和布里特·巴雷特（Britt Berrett），"以谁为先?"，《患者次之：改变领导方式以引领改变》（*Patients Come Second*：*Leading Change by Changing the Way You Lead*）

快乐公司

"这听起来像是一个极端的、反传统的，甚至有些疯狂的商业理念。然而，尽管听起来很荒谬，快乐是我们工作场所的核心信念。门罗创新公司是位于密歇根州安娜堡的一家定制软件设计开发公司，快乐正是我们公司存在的理由。它定义了我们的工作内容和方式。它是我们整个团队唯一一个共同的信念。"

——理查德·谢里丹（Richard Sheridan），《快乐公司：如何打造人们热爱的工作场所》（*Joy, Inc.*：*How We Built a Workplace People Love*）

门罗创新公司是"实实在在的存在"。它并不是空中楼阁。当时，我花了好一会儿才相信这件事，不过，如今拜访过门罗创新公司后，我成了该公司一名"狂热的粉丝"。同往常一样，随便看两眼是不够的。我想，对大部分读者来说，"快乐"这一说法都难以接受。可是，究竟为什么呢？（同往常一样，在这一领域，快乐也是一个稳赚不赔的引擎。）

任务清单

20.7 实现梦想、东道艺术、快乐公司。这些词汇非同凡响，我一直在尽力累积这类术语。我希望通过极端的语言和不断的重复表明自己的观点。

人最重要
不得不丢弃的客户

"我是来放弃你们的业务的，因为你们的执行副总裁是个混球。他对你们员工的态度非常恶劣，而且对我们的员工的态度也非常恶劣。我不会允许这个人继续令奥美集团的员工感到沮丧。"

——大卫·奥格威（David Ogilvy），《广告大师奥格威：未公之于世的选集》（*The Unpublished David Ogilvy*）

小结/简单回顾 14 个理念/
人最重要

……"为人们带来更富足、有意义的生活"

……"拼命让每个团队成员飞黄腾达"

……"合理安排以帮助个人体验成功"

……"超越他们以往的自我，超越他们曾经梦想过的自我"

……"让那些被服务者更健康、更聪明、更自由、更自立"

……"为全体员工提供绝佳服务"

……"顾客永远不会像你们的雇员那样开心"

……"首先你必须让震撼顾客的人感到震撼"

……"25 万人，每个人都很重要"

……"打造一种个人有办法真正飞黄腾达、成功、乐于工作、感到有成就感和成长感的文化"

……"雇员是我们第一批顾客，也是我们最重要的顾客"

……"以绅士和淑女般的态度服务于绅士和淑女"

……"完全专注于全体员工；我们希望他们开心"

……"快乐是我们工作场所的核心信念"

任务清单

20.8　　请重读（再重读）、消化、探讨本节的引言。事实上，他们说的并无二致：以人为本。

本书中出现多达 14 条"并无二致"的引言——这一点在本书中独一无二——其目的是强调该理念的重要性并指出很多非常聪明的人/领袖对于"以人为本"理念和战略都"极端"推崇。这些引言中并未详细说明的是，这些以人为本战略的经济成果就是它们始终能带来胜过同行们的增长和盈利。

建议（要求？！）阅读书目：
以人为本造就巨大成功

该议题至关重要（无关紧要但又无比重要），在这一方面，有的人不仅说到而且做到了，以下是他们提供的"确凿证据"（如您需要）：

《优秀的公司率先完成：为何粗暴的管理方式已成过去式，而合作却成为新潮流？》（*Nice Companies Finish First：Why Cutthroat Management Is Over—and Collaboration Is In*），彼得·宣克曼（Peter

Shankman）和凯伦·凯利（Karen Kelly）著。

《无法阻挡：激情、投入与理性资本主义如何成就企业，助力员工成长》（*Uncontainable：How Passion，Commitment，and Conscious Capitalism Build a Business Where Everyone Thrives*），货柜商店首席执行官基普·廷德尔（Kip Tindell）著。

《美好企业：通过使命与激情创造卓越绩效》（*Firms of Endearment：How World-Class Companies Profit from Passion and Purpose*），拉吉·西索迪亚（Raj Sisodia）、贾格·谢斯（Jag Sheth）和戴维·沃尔夫（David Wolfe）著。

《理想工作战略：最聪明的公司如何在雇员身上投资以降低成本提高收益》（*The Good Jobs Strategy：How the Smartest Companies Invest in Employees to Lower Costs and Boost Profits*），泽伊内普·托恩（Zeynep Ton）著。

《快乐公司：如何打造人们热爱的工作场所》（*Joy，Inc.：How We Built a Workplace People Love*），门罗创新公司首席执行官理查德·谢里丹（Richard Sheridan）著。

《雇员为先，顾客次之：颠覆传统管理模式》（*Employees First，Customers Second：Turning Conventional Management Upside Down*），HCL科技公司首席执行官维尼特·纳亚尔（Vineet Nayar）著。

《顾客次之：以雇员为先，见证其成功》（*The Customer Comes Second：Put Your People First and Watch'Em Kick Butt*），罗森柏斯国际有限公司前首席执行官哈尔·罗森柏斯（Hal Rosenbluth）著。

《患者次之：改变领导方式以引领改变》（*Patients Come Second：Leading Change by Changing the Way You Lead*），保罗·斯皮格尔曼（Paul Spiegelman）和医院院长布里特·巴雷特（Britt Berrett）著。

4.21

以人为本：把兼职员工当家人

1998—2014 年：据《财富》（*Fortune*）杂志报道，自该杂志推出"100 家最适宜工作的美国公司"排行榜 16 年以来，只有 12 家超级企业上过榜。

其他的姑且不论，16 年来，这 12 家超级企业创造了 341567 个新岗位——就业增长率达到 172%（这 12 家超级企业中的上市公司的股东回报水平也大大超过了市场整体水平。）

12 家超级企业

大众超级市场公司（Publix）

全食超市（Whole Foods）

韦格曼斯食品超市（Wegmans）

诺德斯特龙公司（Nordstrom）

万豪国际酒店集团公司（Marriott）

安伊艾（户外用品连锁公司）（REI）

四季酒店（Four Seasons）

思科公司（Cisco Systems）

高盛集团（Goldman Sachs）

统计分析系统软件研究所（SAS Institute）

戈尔公司（W.L.Gore）

泰龙公司（TDIndustries）

注意：作为"最适宜工作的100家美国公司"榜单上常客的12家企业中，一多半（前7家）企业都是服务业中所谓的"铁定低薪"的企业。

实例：

零售业整体人员流动率……65%。

大众超级市场公司人员流动率（杂货公司，前7家企业之一）……5%。

相对于2016年的榜单，《财富》杂志报道称，这12家企业……"只有一个共同点。它们非常关爱自己公司的兼职人员"。

任务清单

21 "非常关爱自己公司的兼职人员。"您呢？

4.22

人最重要：为何人们觉得这一点并不明显，"贝利奇克教练，您的队员非常重要。"

新英格兰爱国者队曾经请知名度颇高的商业顾问汤姆·彼得斯进行一次全面的评估。做展示的日子到了。彼得斯的穿着风格是他驾轻就熟的麦肯锡风格（保守的黑色西装配一条不起眼的领带）。彼得斯非常诚挚地说："贝利奇克教练，经过几个月的分析，我的同事和我得出了结论，您的队员对全队非常重要。"此时，贝利奇克先生不知道该哭还是该笑，他从办公桌上的几个超级碗冠军奖杯中拎起来一个朝着彼得斯先生扔了过去，然后把他赶出了门。

此时垂头丧气的彼得斯先生对其此前"队员非常重要"/"人最重要"评估的价值还感觉良好。对于很多"精明务实的"/"讲究实际的"企业客户来说，这种发现可能是一种物有所值的启示。受过营销培训的酒店领袖本来指望顾问谈的是市场细分策略或营销手段。受过会计学培训的银行家本来指望听到的是一个有关"营运费用过高"的诊断和有关可以裁掉多少人的评估。但是，彼得斯的回答是："先生，您的职员毫无斗志、培训不足且报酬过低，这导致贵公司与客户严重脱节、创新成就寥寥无几、贵公司大部分项目的实施都胎死腹中。"也就是说，彼得斯的"人非常重要"/"多在人身上投资"的理念会让酒店和银行的大人物意想不到。

人最重要/贝利奇克："彼得斯先生，你觉得我是个白痴吗？"

人最重要/酒店老板和银行行长：这是一个突破性理念！

（是的，这种说法很夸张，但是，坦率地说，基于我40多年的经验，这种说法也没那么夸张。）

简单地说，我的看法是：

酒店（从客房服务员到会计）、6人或60人的咨询公司、企业软件公司、螺栓螺母工厂、核电厂全部的基层员工补充人员……跟贝利奇克先生的新英格兰爱国者橄榄球队的队员、11次全国冠军获得者达特茅斯高中军乐队的乐手和1966年至1968年我在越南曾供职过的美国海军海蜂工程兵部队的700名水手同样重要。

美国海军：人最重要！

麻省总医院：人最重要！

波士顿四季酒店：人最重要！

达特茅斯高中：人最重要！

谷歌公司：人最重要！

苹果公司：人最重要！

旧金山49人队：人最重要！

康奈尔大学大红曲棍球队：人最重要！

萨默赛特斯巴鲁公司：人最重要！

海湾餐厅：人最重要！

丹·库克草坪和花园服务公司：人最重要！

人最重要，的的确确！

人最重要，千真万确！

真真切切！的的确确！千真万确！

我说明白了吗？

任务清单

22   您接下来 30 分钟内的活动会体现出"人最重要"这一理念吗？人最重要。今天早上？人最重要。今天下午？人最重要。今天？人最重要。明天？人最重要。永远，永远……

4.23

某个非常酷的部门的人
帮助其他非常酷的人飞黄腾达
并让这个世界变得更加美好

我承认，我很讨厌"人力资源"这一术语。1942 年 11 月 7 日，我父亲走进产房，第一次瞥见了刚刚出生的我。我母亲冲我父亲笑了笑，说：（我是家里第一个孩子）"弗兰克，看看，我们自己的小小人力资源。"

我叫汤姆·彼得斯。 我不是"人力资源"。您（读者）是安托瓦内特·班纳吉（Antoinette Banerjee），也不是"人力资源"。

"人力资源"……可耻、让人恶心、有失体面、弄巧成拙！如果您把我当作"人力资源"来对待，我的反应会像机器那样冰冷。

还能怎样呢？

简单：某个非常酷的部门的人帮助其他非常酷的人飞黄腾达并让这个世界变得更加美好。

⌐ **任务清单**

23 行动！马上！我不是"人力资源"！我发誓：从今以后我将摒弃"人力资源"这一术语。

4.24

评估：人并非"标准化"产物。
评估不应该标准化。
永远不应如此

每个团队成员都扮演着不同的角色——关于这一点，您可以问问任何一个体育教练。每个团队成员都处于该发展阶梯的不同阶段。每个团队成员都有自己的一系列个人问题要处理。作者在此提出的非标准化评估恳请/要求适用于**所有人**，适用于公司巨头、金州勇士队队员和旧金山芭蕾舞团，同样也适用于星巴克的咖啡师和希尔顿大酒店的客房部经理。

若干有关评估的戒律：

请记住：您并非在评估"项目团队的成员"。您评估的是奥马尔·可汗（Omar Khan）、珍妮特·亚内尔（Janet Yarnell）、乔西·萨利比·内图（Jose Salibi Neto）……

有效的评估来自一系列放松而连续的对话，并不来自每半年或每年一次的填表。

老板：您准备时长一个小时的评估对话是否至少需要一天的时间？如果不是的话，您对于此次会面或被评估的雇员都不够认真。

老板：如果进行完一次评估对话您不觉得筋疲力尽，那么这样一次对话就不够投入。

这一小节的长度应该长得多。100 次中有 99 次，我们的反馈技巧都很糟糕。有关这一议题的文献非常丰富，您应该把这些文献加入您的阅读清单。此外，有些巨星专家非常直率地说人们不需要反馈；人们需要的是将他们提升一个层次的鼓励。请您考虑一下以下引言：

"在超过 25 年的从商经历中，我见证了持续的反馈多么有害，见证了它如何一点点削弱我们的辨别力和自信……我也见证了有关应该如何处理问题或跟团队互动的真正对话能做些什么。只要这些对话是真诚的，它们就能够培育我们的独特的本质，让我们提升能力，让我们突破不可能。在此类对话中，不要就如何循规蹈矩提出确切建议，也不要支持对方循规蹈矩的做法——您必须放弃那些条条框框，去寻找某种完全未知的东西。"

上述引言来自卡萝尔·桑福德（Carol Sanford）所著《请停止反馈：培养工作意识》（*No More Feedback*：*Cultivate Consciousness at Work*）一书的序言。该书自成一体，是一部真正具有原创性、极其重要的、科研功底非同凡响的著作。桑福德大作的正文部分是这样开始的："我现在就要针对一个我非常痛恨的议题直言不讳，本书的观点十分叛逆。"

任务清单

24　　评估至关重要。（务必！）要认真学习如何进行评估。假设您 27 岁或 47 岁，而您所进行的评估一塌糊涂。我来估计一下：就评估对您的重要性而言，按照 1 ~ 10 分来打分，您的得分是 10 分。但您的准备情况的得分只有 0 ~ 0.5 分。（这可能有些不公平，但知识-重要性-准备情况之间的差距无疑是巨大的。）

4.25

晋升决定：生死攸关

晋升是"生死攸关的决定"。

——彼得·德鲁克，《管理的实践》（*The Practice of Management*）。"生死攸关"。其言外之意是，应当带着企业战略决策时的那种谨小慎微对待晋升决定。

您对于晋升决定非常"认真"，我对此毫不怀疑。但涉及基层领导岗位的晋升时，我强烈怀疑您还不够认真（见 1.4 部分）。

铁的事实：每个晋升决定都像"选首席执行官"一样重要。也就是说，未来五年中，您希望让玛利亚、马克、索尔还是汉娜·梅出任"首席执行官/首席采购官"？（这事关重大。）

任务清单

25.1 您的下一次晋升决定具有极大战略影响。（务必）请认真对待。

任务清单

25.2 快速回顾一下 1.4 部分，即有关基层领导战略重要性的部分。我想不出来任何一种比您下一个基层领导岗位晋升的决定更重要的决定。请深思熟虑后再行动！

4.26

人最重要：极限雇员投入

极限雇员投入

将顾客投入的质量最大化。

将顾客保留最大化。

将"顾客"变为"粉丝"。

让人们安心开展冒险或犯错，进而带来该组织各层面的创新并使其最大化。

支持并促进团队协作。

能减少摩擦、改善合作，极大地提升至关重要的跨部门沟通和相关创新。

能改善运营的质量。

能改善合作与沟通，进而提升生产力和质量。

能极大地改进执行。

是对抗人工智能海啸的最佳武器——总体上来说，使人工智能成为伙伴或盟友而不是敌人。

能激发所有的人本主义——在可预见的未来，人工智能尚无法复制。

能减少员工流失率、稳定劳动力。

使招聘顶级人才成为可能。

意味着雇员更有可能与组织共进退。

能改善所有利益相关人对公司声誉的看法。

能改善社区关系。

是对人类的贡献。

使上班成为一种享受，而不是一种痛苦。

使领袖能够看着镜中的自己微笑。

是最大的竞争优势。

是卓越的基石。（没有极限雇员投入，就没有卓越。事情就是这么简单。）

（善于算计的人请留意）是无与伦比的/最好的、可持续利益最大化的工具。

极限雇员投入 = 财富/所有人存在银行里面的（大量）财富。

这是一个很长的列表。不过，我坚信这并非言过其实。简单地说，涉及企业业绩、克服"人工智能海啸"，尤其是直面当前我们所处的危机，为我们的团队成员及其社区做正确的事情时，极限雇员投入的作用无与伦比。

任务清单

26 "底线"：1~10 分，您的单位/组织/公司在极限雇员投入方面能得几分？（请不必急于回答。您的"极限雇员投入得分"或许是您职业生涯中最重要的数字。）

4.27

您的选择:
人工智能。敌人,还是朋友?

本书前文曾引用过牛津大学 2015 年所做的一项被不断引用的研究。该研究预测,在 20 年内,人工智能将使一半的美国白领面临失业的风险。大部分专家认为这一比例偏高——但没人否认人工智能会造成重大影响。

本书认为,我们还有一个选择。人们无须将人工智能视为致命的敌人。事实刚好相反。人工智能或许能在很大程度上支持本书的观点。我们当中最优秀的——您在本书中将看到几位——就是那些勇敢的科技投资者,他们大多会利用相关科技改善人类生活。

关于这一点,有一个说法:未来的竞争是人工智能与智能人工,或者说,人工智能/自动(无人)智能与智能人工/智能拓展(人类表现借助智能设备得以改善)。

AuraPortal 是一家佛罗里达的远程办公和商业生产力软件公司,在其网站上,它对于智能拓展及人工智能与智能人工之间的拉锯战进行了很好的描述:

"人工智能……可能会扰乱所有行业。不过,科技公司已经开始以一种不同的方式考虑人工智能,因为它们知道人类和人工智能活动的结合可能实现更高的商业价值。

智能拓展也被人称作智能放大(IA)、认知扩展或智能完善。实际上，它只是新式的人工智能。人工智能是创造像人一样工作和反应的机器，智能拓展则是以一种不同的方式利用这些机器，从而改善人类的工作表现。智能拓展需要人和机器联手工作，各自利用自己的优势以实现更大的商业价值。换句话说，智能人工的主要目标是为了让人能更好地、更聪明地工作。

佛瑞斯特（Forrester）研究公司的高级分析师谢尔·卡尔森（Kjell Carlsson）认为智能拓展是驱动人工智能快速商业化的关键：'往往，在人工智能方面取得进展、能快速驱动新商业价值并有相关成果佐证的公司都在利用人工智能科技改善每名雇员的生活。'他的结论是：'通常来说，智能拓展是比人工智能更好的一种替代人类智能的途径。'

近年来，在人工智能科技创造价值排行方面，智能拓展排第二名，仅次于虚拟代理人（一个计算机制造的、栩栩如生的、能和用户对话的人工智能虚拟人物……）。不过，顾能公司（Gartner）预测，人工智能拓展今年悄悄跃升至第一，会在 2025 年之前获得爆炸性发展，将超越其他任何类型的人工智能。"

以人为中心的商业卓越是本书的核心和存在理由，商业卓越在很大程度上依赖于广泛应用智能人工/智能拓展/智能放大。如本文所述，智能人工——（真正）以人为本的联合有利于所有人，是雇员的福祉，也是能大大提升财务业绩的产品与服务差异化的基础。

任务清单

27

听到有人反复叫嚷"人工智能就要来了"时，不要找个地方躲起来。首先，您要醒醒。无论您是否精通科技，请多花点儿时间研究一下人工智能/智能人工。这理应成为您的一个优先事项，而且它现在就应该被启动。无论您是否精通科技、年轻或资深、身在小公司或大公司，都要一起讨论一下智能人工的各种可能性。这种讨论应该将客户和供应商包括在内。而且，无论您处于什么地位或专业是什么，我建议，您都应该跟贵公司的信息系统团队成为朋友——很好的朋友。

再说一遍：

今天就醒醒吧。

不要等到明天。

4.28

以人为本：
一笔无与伦比的遗产

"在一定意义上，这个世界就是个大骗子。表面上，这个世界崇拜金钱，但结果表明它并非如此。

它声称自己崇拜名望，但它并非真的如此。

这个世界崇拜的是美好，它希望能守住而非失去美好。它崇拜美德。

最终，它将最大的敬意献给了慷慨、诚实、勇气、仁慈、用于正途的天赋，即让这个世界更加美好的天赋。这些才是它真正崇拜的东西。它们是我们在悼词中经常用到的东西，因为它们很重要。

我们不会说：'乔身上最让人难忘的一点是他曾经非常富有！'我们会说，如果我们能够……

'乔身上最让人难忘的一点是他非常照顾他人。'"

——佩吉·诺南（Peggy Noonan），《人生的一课》（论新闻工作者蒂姆·拉瑟特的人生和遗产），《华尔街日报》

任务清单

28

（您的姓名）最让人难忘的一点是……

（供您参考：如今，我们面对新冠肺炎疫情和社会动荡，这一点的价值应当被放大 10 倍甚至 100 倍。）

议题 **5**

极限可持续性

5.29

极限可持续性/环境影响/气候变化的紧迫性

"可持续性：这是正确、聪明、有利之举。"

——亨特·洛文斯（Hunter Lovins）

"少买东西，要精挑细选，选耐用的。重质量而非数量：这才是真正的可持续性。如果人们只买漂亮的东西而不是垃圾，那就不会有气候变化问题了！"

——维维安·韦斯特伍德（Vivienne Westwood）

"很明显，对于我们目前的处境来说，很多传统和做法都已经无效了。根据大量的社会和环境指标，很明显，当代生产体系和消费模式在物质、伦理和精神上都已经难以为继了。因此，我们必须踏进未知之地，考察新的、更有益于环境的、让个人和社会更富有的途径。"

——斯图尔特·沃克（Stuart Walker），《有计划的可持续：相关理论与实践》（*Sustainable by Design*：*Explorations in Theory and Practice*）

除了那些想法非常怪异的人，所有人都认为，气候变化显然正在以指数级的速度发展。看得出来，短期的（更不用说长期的）、颠覆世界性的破坏每天都在累积。

商业对于大部分环境恶化问题都负有直接或间接的责任。商业（不论有没有政府的激励）有责任力挽狂澜。

任务清单

29.1 中午之前要拿出根本解决方案。在拥有 6 人的采购部、拥有 9 人的财务部或一家只有 3 人的公司，更不用说一家大型组织，能减轻对环境影响的措施在一个小时内就应该采取了。

任务清单

29.2 不论您所在企业或单位规模大小，请把可持续发展放在您的日程表上。首先，请把教育自我及您的团队成员当作自己的责任。您可能无法力挽狂澜，但您可以成为有意识地、积极解决这一问题的一份子。就是现在。

最初举措：

1. 将可持续性加入您的愿景和价值观信条——如果您没有什么正式的声明，可以把它加入类似的东西之中。

2. 让可持续性成为所有战略分析一个审慎、显眼而正式的组成部分。

3. 可持续性应当成为所有正式领袖评估的一部分。

建议阅读书目

《从绿到金：如何在所有商务活动中以可持续性实现底线结果》（*The Green to Gold Business Playbook：How to Implement Sustainability Practices for Bottom-Line Results in Every Business Function*），丹尼尔·埃斯蒂（Daniel Esty）和 P. J. 西蒙斯（P. J. Simmons）著。

《持续卓越：全球企业的未来》（*Sustainable Excellence*：*The Future of Business in a Fast-Changing World*），阿伦·克拉默（Aron Cramer）和扎卡里·卡拉贝尔（Zachary Karabell）著。

《绿色巨人：聪明公司如何将可持续性变为价值亿万美元的商务》（*Green Giants*：*How Smart Companies Turn Sustainability into Billion-Dollar Businesses*），弗雷娅·威廉姆斯（Freya Williams）著。

《一位激进实业家的告白：利润、人、目的——做生意要靠尊重地球》（*Confessions of a Radical Industrialist*：*Profits*，*People*，*Purpose—Doing Business by Respecting the Earth*），雷·安德森（Ray Anderson）及罗宾·怀特（Robin White）著。

《有计划的可持续：相关理论与实践》（*Sustainable by Design*：*Explorations in Theory and Practice*），斯图尔特·沃克（Stuart Walker）著。

《可持续商务：关键问题》（*Sustainable Business*：*Key Issues*），海伦·科普尼娜（Helen Kopnina）和约翰·布鲁特（John Blewitt）著。

《可持续设计之书》（*The Sustainable Design Book*），丽贝卡·普克特（Rebecca Proctor）著。

《审美可持续性：产品设计及其可持续使用》（*Aesthetic Sustainability*：*Product Design and Sustainable Usage*），克里斯汀·哈珀（Kristine Harper）著。

《从摇篮到摇篮：重塑制造业》（*Cradle to Cradle*：*Re-Making the Way We Make Things*），迈克尔·布朗嘉（Michael Braungart）及威廉·麦克多诺（William McDonough）著。

《优雅的简约：美好生活的艺术》（*Elegant Simplicity*：*The Art of Living Well*），萨提斯·库玛（Satish Kumar）著。

议题 **6**

增值策略#1

简介：设计/极限人本主义

往往，写一本书总是源于某种念头。我写作本书的念头源自内心深处什么地方呢？确切地说，它源于《金融时报》（*Financial Times*）管理专栏作家克里斯·洛伦兹（Chris Lorenz）于 1987 年出版的《设计维度：商业竞争新武器》（*The Design Dimension：The New Competitive Weapon for Business*）。对我来说，该书的见解非常新颖。没用多久，我就被折服了，并且此后 34 年一直对设计痴迷不已。这的的确确是一种痴迷。唉，身为一名地道的工程兵，我的长相多少有些说不过去。不过，如果相关评分范围为 1 ~ 10 分，我的"设计欣赏得分"能得 11 分。最近几年，我的欣赏得分再次迅猛增加。我认为，美感和令人动情的能力不止是应对（甚至驾驭）扑面而来的人工智能的"最佳防御"，相反，它们是"最佳进攻手段"。

个人认为，设计完全是一种"人本主义"。事实上，我喜欢的说法是"极限人本主义"。

或许，最重要的是，我认为极限人本主义既适用于只有 6 个人的小公司，也适用于拥有 6000 人的大公司。我相信，极限人本主义适用于产品开发团队，同样也适用于采购部、销售部和会计部门。您也许不相信这一点，但我认为财务报告完全可以设计得像名牌服装一样好。它应该设计成小学数学成绩不错的人都能看懂的样子：令人信服，直来直去，没有一句行话，充满吸引力，要能吸引人而不是让人望而却步，如此等等。

设计/极限人本主义是……生活。

设计/极限人本主义是……灵魂。

设计/极限人本主义……让我们微笑。

设计/极限人本主义……让我们的合作伙伴微笑。

设计/极限人本主义……让我们自豪。

设计/极限人本主义是……最重要的市场优势。

设计/极限人本主义是……"像创可贴一样大小的镜子"。

像创可贴一样大小的镜子

"最近一次核磁共振检查让保健设计师珍妮特·杜根（Janet Dugan）深受启发。静静地躺着等待检查结束时，她注意到头部支架下面放了一面小镜子。小镜子摆放的角度刚好能让她透过桶形的顶部看到放射科技师，可以跟技师进行眼神接触。她跟我说，'那是很小的一面镜子，但它给我带来了非常不同的感受。我在那里觉得没那么孤单了。在我需要支持的时刻，我跟另外一个人建立了关联。尽管我没有幽闭恐惧症，但镜子的存在让我能平静地看到外面……我能看得出，那位技师很友好，护士也专门过来逗我开心……我坚信设计能够推进治疗进程——建筑物可能塑造事件或改变生活，不过，在那天的经历中，真正让我感到安慰的是一面像创可贴一样大小的镜子。'"

——提姆·拉伯瑞克（Tim Leberecht），《浪漫的商业：全力付出、不求数量、创造比自身更了不起的东西》（*The Business Romantic：Give Everything，Quantify Nothing，and Create Something Greater Than Yourself*）

6.30

增值策略#1
极限人本主义/设计的首要性/
无所不在的设计：正念

极限人本主义/设计的首要性

随着时间（或许用不了多少时间）的流逝，商品、产品和服务的生产和提供将主要由人工智能和机器人的某种结合来进行。然而，以人类参与为标志的细分是完全可能的。不过，这需要一种如今只有少数企业才持有的心态。

这一点必须改变。

我把新的世界（成功）秩序称为……"极限人本主义"。"无所不在的设计：正念"是这种极限人本主义的最佳体现，每一个组织的角角落落都可以实施这种人本主义。

极限人本主义："他说，对他来说，造船工艺就像一种宗教，其中的技术细节再怎么掌握都不够。你必须在精神上屈服于它；你必须绝对臣服于它。当你完成工作离开时，你必须能感觉自己的一部分，自己心脏的一部分，永远地留给了它。"

——丹尼尔·詹姆斯·布朗（Daniel James Brown）论高级赛艇设计师和建造师乔治·约曼·波考克（George Yeoman Pocock），《激流男孩：九个美国人及其在 1936 年柏林奥运会上的夺金传奇》（*The Boys in the Boat：Nine Americans and Their Epic*

Quest for Gold at the 1936 *Berlin Olympics*）

极限人本主义："如果您的商业企划中写着'哦，顺便说一下，我们打算用高出购买成本很多倍的投入来设计和制造螺丝'，那么全世界任何一家商校都会让您不及格。但是，这里说的不是普通的螺丝。就像耐思温度计一样，它们是更好的螺丝、惊人的螺丝，或者说，具有更深层意义的螺丝。从功能上说，它们有一种特殊的螺纹，因此几乎可以钻进各种材质的表面。而且，定做的螺丝刀用起来也非常顺手。上面的耐思螺纹看上去具有'耐思'的特别意蕴，就像所有苹果公司的产品看上去都具有'苹果公司'的特点一样。"

——托尼·法戴尔（Tony Fadell），耐思公司创始人，转引自《软优势：优秀公司持久成功的秘密》（*The Soft Edge：Where Great Companies Find Lasting Success*），里奇·卡尔加德（Rich Karlgaard）著。

"造就深远差异的设计/历久弥坚的设计：完全归因于深层情感关联'在一百多年的时间里，我们一直专注于其他一些目标——解决生产问题、降低成本、推广产品和服务、增加便利等——如今，我们越来越注重致力于让我们的世界与众不同。社会各界越来越多的人在其员工、工作场所和业务的状态或感受中找到了乐趣和意义。只要有机会，我们就会让本来平淡无奇的功能具有感官方面、情绪方面的吸引力'。"

——维吉妮亚·帕斯楚（Virginia Postrel），《风格的实质：审美价值观的提升如何重塑商业、文化与意识》（*The Substance of*

Style：How the Rise of Aesthetic Value Is Remaking Commerce，Culture，and Consciousness）

作为设计师和极限人本主义者的领袖与产品和服务及其开发者具有情感关联（"惊人的螺丝，具有深层意义的螺丝"）。

作为设计师和极限人本主义者的领袖与更大的社区具有情感关联。

作为设计师和极限人本主义者的领袖与顾客/供应商具有情感关联。

顾客/供应商与作为设计师及极限人本主义者的领袖具有情感关联。

我的建议是，所有领袖都应该成为事实上的设计师，被雇用时应具备成熟的设计敏感度或者被雇用后应获得这种敏感度。在一个真正洋溢着设计正念/极限人本主义/极限情感关联的组织中，"设计敏感度"同直接交付给客户的产品和服务一样重要，培训课程或社交媒体活动或酒店家政活动中的"设计敏感度"也非常重要（还记得康拉德·希尔顿最重要的人生一课部分那些放到浴缸里面的浴帘吗？）。

（说明：这并不意味着每个领袖都必须拥有罗德岛设计学院、帕森斯设计学院或斯坦福设计学院的学位。我指的是每个领袖都应该具有某种程度的审美敏感度，这也让我更强烈地恳求人们多聘用文科毕业生，少聘用金融或营销专业的工商管理硕士。）

任务清单

30.1　　请深思："你必须在精神上屈服于它；你必须绝对臣服于它。""具有深层意义的惊人的螺丝。"为了内化设计正念/极限人本主义/极限情感关联，人们不能把"惊人的螺丝"之类的说法当作某种"花言巧语"，而应该当作设计师或正式领导者看待这个世界、产品与服务及外部和内部顾客的严肃方式。

我把 2011 年 8 月 10 日称作"第二个诺曼底登陆日"（第一个指 1944 年 6 月 6 日的诺曼底登陆日）。这一天，苹果公司的总市值超过了埃克森美孚公司。设计驱动型公司打败了自然资源驱动型公司，苹果公司成为美国最有价值的公司。

我认为，此后，人们不能再把设计看作无足轻重的"点缀"或"修饰"。苹果公司超过了埃克森美孚。板上钉钉。

这就是可持续细分的精髓。您也许会觉得这种思维方式或沉浸式生活方式有些别扭。

作为一名工程师兼工商管理硕士，我也觉得有些别扭。但是，这一点必须改变。对我来说，它使我跟唐纳德·诺曼（Donald Norman）［著有《设计心理学》（*The Design of Everyday Things*）和《情感化设计》（*Emotional Design*）］这样的人联系了起来；后来，幸运的是，我们的帕洛阿尔托办事处就在艾迪欧公司（IDEO）创始人大卫·凯利（David Kelley）家的隔壁，大卫也成了我的朋友、设计导师和智囊。

事实上，我把自己扔到了这辆"设计列车"面前。我妻子是一位壁毯纺织艺术家。对此，我确实并不在行。

不过，我对于设计卓越/情感设计的鉴赏力与支持力度无人能及。而且，鉴于目前我们所处时代所造成的更大的紧迫性，我更愿意强调它们的重要性并将其重塑为极限人本主义。

任务清单

30.2 无论如何，请与我一起开始这场（令人兴奋的）（紧迫的）（改变现状的）极限人本主义冒险之旅。我们以及我们伙伴的职业生涯都靠它了！

6.31

极限人本主义，
以设计为灵魂，
为服务人类而设计，
根据我们是谁而设计

"夏克椅的优雅和与众不同在于以下事实，即制造者相信天使可能降临并坐在这样的椅子上。"

——托马斯·默顿（Thomas Merton），转引自《对木头的信仰：夏克家具全书》（*Religion in Wood：A Book of Shaker Furniture*），爱德华·戴明·安德鲁斯（Edward Deming Andrews）和费思·安德鲁斯（Faith Andrews）著

任务清单

31.1 您能把上述理念用于您所在的地方——例如，采购部、信息系统部、一家只有 3 名员工的当地会计事务所吗？我的明确回答是：可以！

任务清单

31.2 在您将"相信天使可能降临并坐在您的椅子"融入您的新产品或培训课程之前，请继续探讨下去。

"你要熟悉人类在各领域的优秀成果，尝试把它们运用到你的工作里。"

——史蒂夫·乔布斯（Steve Jobs），转引自史蒂夫·丹宁（Steve Denning），《遗失的访谈：乔布斯眼中的真正重要之事》，《福布斯》

"在某种意义上，我们通过关爱服务于人类。有人可能认为这是一个愚蠢的信念，但这是我们的一个目标——我们希望能对文化做出微薄的贡献。"

——乔尼·艾维（Jony Ive），苹果公司首席设计师

"史蒂夫和乔尼会花几个小时的时间讨论一些不起眼的问题。"

——劳伦娜·鲍威尔·乔布斯（Laurene Powell Jobs）

"谈到这种东西的时候我们没有什么好的措辞。按照大部分人的说法，设计就意味着粉饰。

……但是，对我来说，没有什么比设计更有意义。设计是任何人工产品的根本灵魂。"

——史蒂夫·乔布斯

"可以说，最近没有什么新交通工具能更让人开心的了。"

——汤尼·斯旺（Tony Swan），"开车上路"，宝马迷你 S 款车评，《纽约时报》

"宝马公司把设计当作自己的信仰。"

——亚历克斯·泰勒（Alex Taylor），"宝马不走寻常路"，《财富》

"星巴克很早就变成了一家运营驱动型公司，开始追求效率而非浪漫。这家公司已经失去了它的灵魂。"

——霍华德·舒尔茨（Howard Schultz）在接受《金融时报》采访时论星巴克的问题，正是这些问题促使他重新担任首席执行官一职

"浪漫"和"灵魂"让设计驱动/极限人本主义驱动型公司中的整个组织充满活力。同以往一样，我再补充一句：这既适用于星巴克、苹果或宝马这样的公司也适用于仅有 9 名员工的培训部或只有两个人的咨询公司。

"作为一名销售主管，我认为商业就算不是人类最伟大的冒险也是伟大的冒险之一。不过，我并非只是一名商人：我还是一个绝不回头的浪漫主义者。我相信，如果我们生活中的浪漫多一些，我们的这个世界就会更美好一些。

我相信情感不费吹灰之力就能打败理性。

我不是一个做白日梦的人，也不是一个理想主义者或社交活动家。

我是一个浪漫的商人。"

——提姆·拉伯瑞克，青蛙设计公司前营销总监，《浪漫的商业：全力付出、不求数量、创造比自身更了不起的东西》（The Business Romantic：Give Everything，Quantify Nothing，and Create Something Greater Than Yourself）

任务清单

31.3

思考/反思一下："人类企业最大的冒险"/"绝不回头的浪漫主义者"/"浪漫的商业"/"情感轻松打败理性"这些说法。我认为，这些说法都并非"言过其实"。它们都符合"极限人本主义"这一理念。再说一次，我认为这一理念是人工智能时代最重要的优势。我还想说（或许有些极端），这些设计理念都特别适合疫情这段让人讨厌的时期。我一再强调，伟大的设计在于关爱——相应组织应摒弃毫无感情的"最低成本最少劳动力"服务和产品，全力投入于生产或提供能丰富人们生活的产品或服务。

极限人本主义：爱的标签

"真心喜欢自己投资品牌产品的股东很少。他们最不希望看到自己跟这些品牌具有亲密的关系。他们认为这可能扭曲他们的判断力。他们想要的是可衡量性，（总是）希望收益越来越多而（从）不希望出现什么意外。难怪那么多品牌都丧失了曾经带领它们取得非凡成就的情感主线，反而变成了最低等的规范效仿者。"

"留意相关标志：起作用的是理智而非情感……"

"我最初建议用爱心带动商业的转变时，资深的首席执行官们难掩尴尬，拿年度报表当起了挡箭牌。不过，我没有就此放过他们。我知道，这是因为他们没有爱心。我知道爱心是拉升情感温度、创造品牌所需新型关系的唯一路径。我知道爱心是商业回应控制权向顾客快速转移的唯一路径。"

——凯文·罗伯茨（Kevin Roberts），盛世公司前首席执行官，《至爱品牌》（*Lovemarks：The Future Beyond Brands*）

公司上下体现出来的极限人本主义/设计正念
"寻找浪漫企业家加入我们的团队"

"寻找浪漫企业家加入我们的团队：直接向首席执行官负责的浪漫企业家会帮助同事、顾客和伙伴，而社会大体上会以全新的眼光看待商界的这一美妙之处。浪漫企业家以希望为策略，他们提出的凝聚力叙事能够讲清楚日益复杂而分裂的工作场所和市场对话。浪漫企业家不会盯着资产或投资回报，相反，他们会曝光商业的隐秘财富并回报社区。浪漫企业家会开发、设计和实施'有意义的行动'，这些行动让人们重新相信商业是最具影响力的人类事业并为企业内外的观众们提供了富有意义、喜悦和乐趣的品牌和工作体验。我们寻找的是一个具有强烈创业动力和精致品味、确实能管理难以估量的状况、积极主动的人。他们具体承担的责任包括但不限于……"

——提姆·拉伯瑞克，《浪漫的商业：全力付出、不求数量、创造比自身更了不起的东西》（*The Business Romantic：Give Everything，Quantify Nothing，and Create Something Greater Than Yourself*）

任务清单

31.4 这是一份真实的招聘帖子，而且回帖数量多得惊人。您的组织如何呢？准备好接受一位浪漫企业家了吗？

其他的姑且不论，这一笼统理念应该转化成招聘实践。也就是说，为了让整个企业见识到设计正念/极限人本主义，我们要在每一个角落都安排上具有合适背景和经历的人。不，我的意思是设计学院的毕业生肯定会成为人事处或财务处的全职员工。不过，直言不讳，当我们为人事处、财务处物色候选人时，我们应当倾向于美术专业、戏剧专业或从简历上看对艺术一向感兴趣的人。您希望整个企业都具有设计正念吗？那就在全组织雇用那些简历上具有适当敏感度或气质的人。（如前所述，在整个企业各种晋职决策中这一理念的重要性至少应当翻倍。）

任务清单

31.5　　所有部门都应该招聘具有审美气质的人。让这一点成为正式标准。

极限人本主义/设计正念

相信天使可能降临并坐在您生产的椅子上！

以下是我们刚刚看过的材料中一些引人注目的东西：

"留下您的某些内心想法"

"惊人的螺丝，具有深意的螺丝"

"相信天使可能降临并坐在您家的椅子上"

"花几个小时讨论不起眼的事情"

"通过关爱服务于人类"

"让人类做过的最好的事情融入您的工作"

"带来更多的欢乐"

"信仰"

"浪漫"

"根本灵魂"

情感胜过理性

"寻找浪漫企业家"

"创造超越您自身的东西"

"爱的标签"

"爱心是商业回应控制权向顾客的快速转移的唯一路径"

任务清单

31.6 请反思一下。

设计正念/极限人本主义
设计无处不在/设计在于您下一封
只有四行字的电子邮件

"设计就是一切。

一切都是设计。

我们都是设计师。"

——理查德·法尔森（Richard Farson），《设计的力量：改变一切的力量》（*The Power of Design: A Force for Transforming Everything*）

"通常来说，设计是产品交付系列事件链中垂直的部分。不过，在苹果公司，设计是一个长长的水平条，是所有对话的组成部分。"

——罗伯特·布伦纳（Robert Brunner），苹果公司前首席设计官，转引自伊恩·帕克（Ian Parker），《未来的样子》，《纽约

客》（*The New Yorker*）

从直觉上来说，设计是所有决定的组成部分。同样，也是所有对话的组成部分。这事儿可不容易！但是，重复无数遍（这对我来说非常重要）之后，我再说一次，在未来岁月中，设计正念/极限人本主义无疑是最大的优势。对于所有组织来说，情况均是如此。

设计等于：

接待区。

休息室！

在呼叫中心的对话。

每个商业进程的"地图"。

每封电子邮件和电子信息。

每个会议的日程表/安排/等。

您走进办公室后的头五分钟/居家办公/Zoom 会议的头三分钟。

跟顾客的每一次接洽。

每个晋职决定中的某次思考。

无处不在的"审美敏感度"。

今天早上的走动式管理（MBWA）或 Zoom 云管理（MBZA）。

对于我们为人类提供的产品和服务价值的关注。

等等。

任务清单

31.7 您和您的同事们相信这一包罗万象又充满魅力的设计观吗？（请深入讨论。）

6.32

设计中的卓越：极限人本主义/
遗言：不能只顾整洁，
也要顾及美与自然

　　"茶道大师千利休正看着儿子绍安打扫茶室外的径道。绍安完成任务后，千利休说'不够干净'并要求他再打扫一遍。一个小时后，疲劳的绍安对千利休说：'父亲，没什么可做的了。台阶已经洗了三遍，石盆栽和茶树都好好喷了水，苔藓和地衣都翠绿翠绿的；地上一根树枝、一片叶子都没有。'茶道大师责骂道：'傻小子，茶室的径道不应该这样打扫。'他一边说着一边走进了茶园，晃了晃一棵茶树，茶园的地上落满了金色和褐红色的树叶，仿佛一片片秋日的锦缎！千利休不仅要整洁，而且还要美和自然。"

　　——冈仓觉三，《茶道》(*The Book of Tea*)

"意义、直觉、沉默、反思、
本土化、和谐及时机"

　　"如果设计的目的是为了对当代文化做出实质贡献，设计必须跨越那些重大解决方案，转向那些经常被视为无足轻重的问题。从家具设计到家居商品，从电子器件到服务，设计有一个类似于传统的志向，即让人们在使用世间万物时能够获得'乐趣'

和'愉悦',但它为我们带来的不过是无尽的新鲜感而已……设计绝不能只是那种让我们之间,以及我们与这个世界本身之间完全或部分失去联系的兴奋剂……如今,设计需要解决非常不同的……有关优先事项、价值观和意义的问题。为了找到答案,我们必须研究人们的真实遭遇和经历……设计跟意义、直觉、沉默、反思、本土化、和谐及时机有关。"

——斯图亚特·沃克(Stuart Walker),《生活设计:在分心的世界中创造意义》(*Design for Life*:*Creating Meaning in a Distracted World*)

"只有一个公司的价格最便宜,其他公司都必须依赖设计。"

——罗德尼·费奇(Rodney Fitch)论零售设计

极限人本主义:入门

情绪设计、极限人本主义、浪漫等都是真正至关重要的理念。试试阅读以下书目……

《情感化设计》[*Emotional Design*:*Why We Love(or Hate)Everyday Things*],唐纳德·诺曼(Donald Norman)著。

《魅力:苹果的魔法》(*Enchantment*:*The Art of Changing Hearts*,*Minds*,*and Actions*),盖伊·川崎(Guy Kawasaki)著。

《至爱品牌》(*Lovemarks*:*The Future Beyond Brands*),凯文·罗伯茨著。

《浪漫的商业:全力付出、不求数量、创造比自身更了不起的东西》(*The Business Romantic*:*Give Everything*,*Quantify Nothing*, *and Create Something Greater Than Yourself*)，提姆·拉伯瑞克著。

《生活设计：在分心的世界中创造意义》(*Design for Life*：*Creating Meaning in a Distracted World*)，斯图亚特·沃克著。

任务清单

32.1　　本书所有议题都无须额外掂量。无须多言。

留给我们的只有我们自己

关于情商/同情心、极限人本主义和极限雇员投入，我已经讲了很多。从传统意义上讲，各组织存在的基础是逻辑。所有商校都会教授逻辑。人工智能多多少少会把这些逻辑知识运用起来。对我们来说，"剩下的"就是我们自己了。为了彰显我们的人性，我们需要立足于"软件"。

极限的时代/适合 2021 年的域名（尚未注册）：

ExtremeHumanism.com

ExtremeSustainability.com

ExtremeCommunityEngagement.com

ExtremeEmployeeEngagement.com

ExtremeDesignMindfulness.com

RadicalPersonalDevelopment.com

HumanismOffensive.com

FerociousListening.com

AggressiveListening.com

任务清单

32.2

我渴望把这些域名都变成成熟的行动。亟须志愿者！（当然，我也渴望这些内容能在日常组织生活中扮演主角，而且成为工商管理硕士课程中最重要的东西，尽管这一诉求看上去有些不切实际。）

议题 **7**

增值策略#2

7.33

增值策略#2
运行良好/
小胜于大

难以逾越的 8：80 的隔阂

> 认为自己被服务的经历"优秀"的顾客的比例：8%。
> 认为自己提供的服务"优秀"的公司的比例：80%。
> ——贝恩公司（Bain & Company）对 362 家公司的调查

由于运行良好而幸免于难

要弥合我所说的"8 ~ 80 差距/隔阂"（这的确是一种隔阂），主要依靠大量新增且不断增加的运行良好。

在历史上，运行情况不良（TGWs）是一项很重要的质量测量内容，在汽车行业尤其如此。 质量仍然是最重要的东西，但是，事实上，大部分东西都运行得相当不错——保持运行不良低分是当务之急，但它已经不再是动力源方面的优势。因此，我建议转向另一边，即积极的一边，或者就像您所说的那样，从分母转到分子：通过被称作运行良好的特殊指标进行区分。

除了前文讨论的大量设计正念，我还选择使用运行良好作为让 2021 年从此不同以往的主要驱动力。 虽然我的这一想法具有战略性影响，这一想法整体上还是一种策略，包括一点一点调整、美化我们的服务及提供产品，创造"乐趣""粉丝"和让顾客"离不开"的影响。最重要的是，公司所有员工都会为此做出贡献。应用运行良好意味着"齐心协力"和"始终如一"！

任务清单

33.1 无论如何，请弄清楚您是否也受困于自己的"8∶80隔阂"。在大一些的公司中，这样做可能费钱又费时间。不过，这样做是值得的。即便对于一个极小的团队，我也会建议采取某种量化措施。本书始终认为这一点既适用于内部机构又适用于直接面对顾客的单位。(我们都属于"直接面对顾客的单位"，对吧？有些人面对的是外部顾客，有些人面对的是内部顾客——顾客就是顾客。)

任务清单

33.2 评估过后，根据某种充满活力、众人参与的运行良好文化三思而后行。启动时间：今天。结束时间：永不结束。

7.34

进入最优秀者的圈子，
这是唯一一个并不拥挤的市场

乔治·沃林（George Whalin）的《零售巨星：全美最棒的 25 家独立商店》：在美国最好的 25 家独立商店中，有一家商店独占鳌头。截至目前，它在 25 家商店中的地位无与伦比，其巨大优势令其堪称一个非常具有想象力的案例，是一家能够碾压整个大卖场领域的独立商店，这家商店就是丛林吉姆。它的每家独立店铺都以自己的方式演绎着……"地球上最伟大的表演"。

举例来说：

俄亥俄州费尔菲尔德丛林吉姆国际大卖场

来自《零售巨星：全美最棒的 25 家独立商店》的评论：

"购娱界的一次冒险……店面面积 30 万平方英尺[⊖]，出售来自 75 个国家的 15 万种食品，全世界每星期光顾者达 5 万人。"

丛林吉姆以运行良好为核心，拥有无数"微小"（有时候并

⊖　1 平方英尺 = 0.09 平方米。

不小）的优势：

"一只高 7 英尺[⊖]的机械狮子为购物者演唱猫王的'监狱摇滚'。"

"会说话的罗宾汉让英国食品区舍伍德森林展完美无缺……"

"熟食区上方吊着一辆仿古野猪头卡车。"

"中国食物区放着一辆跟真车一样大小的黄包车……"

"肉食区放着一辆阿米什双轮单座轻马车……"

"辣椒酱区放着一辆仿古消防车（辣椒酱品种多达 1400 种……）"

"糖果区有多辆装满糖果的康尼岛碰碰车。"

（在我看来）位于丛林吉姆的运行良好清单最顶端的是：

在商店的前部有两个男女流动厕所，看起来它们更像某个建筑工地的厕所而非一家食品店的厕所。不过，那只是它们虚假的外表。一旦走进去，顾客们就会发现厕所的布置其实非常漂亮。

"2007 年，在厕所洁具供应商信达思公司赞助的第六届年度竞赛中，这些非常具有创意的设施被认定为'美国最好的厕所'。"

如果我是一名零售商，我不希望获得任何奖项，包括久负盛名的布德里奇美国国家质量奖！

沃林对自己 25 个独立商店巨星的战略做出了以下恰当评价：

⊖　1 英尺 =0. 3048 米。

任务清单

34

让丛林吉姆成为您的榜样吧！也就是说，让您的想象力尽情发挥吧！在所有地方，尤其是那些奇怪的地方，寻找一下运行良好的"疯狂表现"。在您"偷偷"找到至少 20 项"疯狂表现"之前请不要暂停。把所有人都算进来！

开始日期：今天。

重复次数：永远。

7.35

运行良好：小胜于大
运行良好进行时：一种文化特质

"对于一个懂得感激和欣赏的人来说，微不足道的礼貌最能打动人心。"

——亨利·克莱（Henry Clay）

这是我的《小中见大》（*The Little Big Things*）一书中的引言，从 1977 年我取得的"小成就"——我的博士论文——开始，它也成了我的人生启明星。相关研究证明了以下事实：人们对于"微不足道的礼貌"的记忆完全可能持续一生的时间！

"我们不要忘记，小小的情绪是我们人生的伟大船长。"

——文森特·梵·高（Vincent Van Gogh）

想想本书刚开始论述卓越部分的引言：

"日复一日，无从记起，但那些特别的瞬间令人久久难忘。"

——切撒莱·帕维塞，诗人。

"小胜于大。"

——亨利·克莱、文森特·梵·高、切撒莱·帕维塞、汤姆·彼得斯（是的，我发挥了一点儿想象力。）

"对小事的痴迷"是一个文化问题——一种"全员参与"的环境，所有人都习惯于或痴迷于小事，从整体上来说，这些小事恰恰是最重要的区分点。

任务清单

35.1　事实上，"小胜于大"是一种强行推销。人们不断督促我们去取得"突破"或"大战略"。那么，我们怎样才能让整个组织疯狂地喜欢上不起眼的运行良好呢？（个人认为，这是当务之急，尽管本书中有些东西更为重要一些。）

任务清单

35.2　阅读任务：《小事的力量：为何小事能造就大不同》（*The Power of Small：Why Little Things Make All the Difference*），琳达·卡普兰·泰勒（Linda Kaplan Thaler）和罗宾·科瓦尔（Robin Koval）著。《经理的礼仪书：小举动如何造就伟大公司》（*The Manager's Book of Decencies：How Small Gestures Build Great Companies*），德科公司的斯蒂夫·哈里森（Steve Harrison）著。

运行良好/实行运行良好
策略：一种文化特征
极限人本主义的基石

实行运行良好策略并非一次性行动。它是某种组织策略的成果，尤其是某种文化的成果，这种文化积极鼓励、支持全体员工"多付出一点努力"以便能（无须"批准"）时常发现能带来巨大累积性差异的做法。可以说，这种成果称得上极限人本主义的中流砥柱。

实行运行良好策略的过程非常鼓励全体员工的自发性。"嘿，当然可以，试试看。"

实行运行良好策略的过程有一个主要特征……即持续的喝彩。也就是说，经常公开赞扬那些尝试新事物、多付出努力的人。

实行运行良好策略是一种根深蒂固的生活方式。

实行运行良好策略有非常大的回报。

虽然一点一滴可能微不足道，但集体实行运行良好策略具有战略意义。

任务清单

35.3 一个如火如荼的"实行运行良好策略的组织"（您或大或小的组织）可能是个什么样子？把它画出来。您已经开始画了吗？（再说一遍：这是一件大事儿……）

议题 **8**

增值策略#3

8.36

増值策略#3
好货不便宜/
收益先于成本/
没有其他规则

观点1：出自《三大规则：卓越的公司如何思考》（*The Three Rules：How Exceptional Companies Think*）：

1. 好货不便宜。
2. 收益先于成本。
3. 别无其他规则。

德勤的顾问对25000家公司45年的业绩进行了调查，最终挑出了27家巨星公司并总结出了上述三条规则。受此启发，迈克尔·雷纳（Michael Raynor）和蒙塔兹·艾哈迈德（Mumtaz Ahmed）合著的这本书采用了上述标题。

观点2："控制恐怖经济的三个策略"/表现杰出者的发现：

"它们为价值（长远价值，而非短期获利）而管理。"

"它们极其推崇以顾客为中心。"

"它们不断开发人力资本。"

——杰奥夫·科尔文（Geoff Colvin）

往往，很多公司，尤其是那些执着坚持短期股东价值最大化的、类似财富500强的大公司，都更喜欢把削减成本和抛弃同伴作为"战略性"战术。不过，在此处回顾的两例全面而且可靠的分析中，依靠产品/服务创收才是最可靠的手段。

议题 **9**

增值策略#4

9.37

增值策略#4
我们不需要商品这样的东西/
作为文化偶像的车库/
作为艺术家的水电工

卓越的车库："汽车建筑"

源于比尔·泰勒的大作《直达辉煌：伟大的组织如何化平凡为非凡》（*Simply Brilliant：How Great Organizations Do Ordinary Things in Extraordinary Ways*）：

林肯路 1111 号。

该地址已经成为迈阿密海滩上的一个地标。例如，当时还在迈阿密热队的世界最佳篮球队员勒布朗·詹姆斯（LeBron James）介绍自己的第 11 款耐克球鞋时，他那番大吹大擂就在……林肯路 1111 号。

那么，这一地址到底有什么特别之处呢？

开发商罗伯特·温尼特（Robert Wennett）希望"重新解释 1910 年对于林肯路的最初构想"。别的姑且不论，这意味着要根据国际闻名的赫尔佐格和德梅隆建筑事务所（Herzog & de Meuron）的设计对其进行改造。按某家媒体的说法，其"成果"就是一幢"汽车建筑"，是"高端建筑与车库的不可思议联姻"。

林肯路1111号的主要特征之一就是公共艺术与大阶梯（每天早上都有很多慢跑者在那里锻炼——然后很多人再到上面的车库中上瑜伽课）。温尼特称之为一个"提供一段经历、讲述一段故事的策展空间"。

温尼特本人住在车库上方的顶层公寓中。

这"言过其实"吗？当然！不过，这也是一种有益的冒险，一种能改变社区的举动，一种无与伦比的想象行为！

把车库当作商品？

这是谁的主意……

卓越的车库？为什么不行？

奉行极限人本主义的车库？为什么不行？

《直达辉煌：伟大的组织如何化平凡为非凡》一书的主要特点就是书中有很多这种鼓舞人心的、令人难以置信的中小型企业案例。

增值的/卓越/本地水电工

本地水电工（或电工或油漆工或……）并不提供某种"商品服务"……

- 如果她对自己的工作了若指掌。
- 如果她是一个痴迷学习、习惯性地学习新技巧的人。
- 如果她争强好胜（非常重要）。
- 如果她非常守时。
- 如果她着装整洁。

- 如果她有一辆（即使在泥泞的寒冬）非常干净的高级卡车。

- 如果她能优雅、及时地解决问题，并清楚地解释发生了什么事情，以及这些事情为什么以那种方式发生。

- 如果她打扫得非常干净，事后客户"在工地现场地板上吃饭"都没问题。

- 如果她主动在自己本职工作之外（免费）多做一些事情。

- 如果她在 24 小时后会打电话（而不是发电子邮件）确认没有任何问题。

- 或许，如果她开通了自己的博客并时不时发一些对客户群非常实用的小提示；例如，一家很小的弗吉尼亚游泳池公司凭借这种社交媒体策略（见下文）成了真正的"世界最强"游泳池公司。

- 如果……

她不是商品！

我把这种去商品化和对卓越的不懈追求……称为值得购买的极限优异（EDWPF）！

这也是创造中长期工作岗位的精髓所在。由于自己优异的口碑，我们这位不断增值的水电工/电工能够亲眼见证需求的迅猛增长。我们都知道，接下来，个人秀会变成三人秀然后又会变成六人秀。鉴于我们所说水电工/电工对于卓越的追求及其不断学习绝活，她们带来的不仅是新工作，而是新的好工作。接下来可能发生的事情就是她们跟当地的社区合作并把这"一切"变成实实在在的社区进步/就业创造/非商品努力等。

任务清单

37 　思考一下这两个例子——车库与当地水电工。任何地方都可能出现不可思议而又非常酷的差异。找找具有极高声望但只有两名员工或 6 名员工的超级巨星公司。跟我这个追求卓越的人一起去寻求卓越吧，这种卓越将使您鹤立鸡群。（意外收获：成为镇上有史以来最好的水电工/电工养成商店是一件非常有趣的事情。）

议题 **10**

增值策略#5

10.38

增值策略#5
（各种）额外服务/
"我们会为您做好一切。"/
从"成本中心"部到"增值巨星"部

飞机引擎制造商变成了物流大师

"如今，劳斯莱斯从管理客户的采购总策略及维护其出售的航空航天引擎等任务中赚到的钱比生产这些引擎赚到的钱更多。"

——《经济学家》（*The Economist*），《营救：会计师和演示文稿艺术家成了英国的新冠军》

uPs 到 uPS 的转变（美国联合包裹运送服务公司向联合问题解决者的转变）

"大布朗[⊖]的新包：美国联合包裹运送服务公司立志成为美国企业界的运输经理。"

——标题，《彭博商业周刊》（*Bloomberg Businessweek*）

"一切都关乎解决方案。我们会跟客户谈如何使供应链更好、更牢固、更便宜。我们有 1000 个服务客户的工程师……"

——鲍勃·斯托菲尔（Bob Stoffel），美国联合包裹运送服务公司主管接受《财富》（*Fortune*）杂志采访

⊖ 美国联合包裹运送服务公司的别称。

144

"联合问题解决者"的服务有口皆碑。如今，美国联合包裹运送服务公司异常兴旺，但并非在运送包裹方面，而是在管理（往往是接管）别人的整个供应链系统方面。

任务清单

38.1　　为了在今天残酷而混乱的市场上幸存，各种公司/组织单位都需要发挥自己的才能，不断寻找新的帮助客户的方法。首先，它们需要建立一种极限客户亲密状态。简单地说，从今天开始，您就需要把精力放在了解客户的业务及客户的（整个）团队上面，而且要比客户还要了解这些东西！（这需要很多时间和精力！）这样做并不是一个"好主意"。这是一件战略性的、事关生死的必做之事。

增值巨星的专业服务公司/
"成本中心"服务拯救了
上百万个工作岗位

我相信，如果人们早听从了我的建议，我们本可以拯救一百万个工作岗位。不过，现在还为时不晚——事实上，现在是我们在人工智能海啸登岸前的最后一个机会。

在我的著作中，卖得最差的一本书是：

《专业服务公司50策：五十个将您的"部门"变成以热情和创新为标志的专业服务公司的方法》（ *The Professional Service Firm 50: Fifty Ways to Transform Your "Department" into a Professional Service Firm Whose Trademarks Are Passion and Innovation* ）

我和同事们都把这本不受人待见的书叫作"专业服务公司50策"，它代表了我的一份深切恳求，恳求您将随时被外包的"官僚部门——成本中心"转型为充满创新的、世界级、为母公司增加不可估计价值的知识产权型卓越中心（出色的专业服务公司）。

这一故事可能是这样的：

任务清单

38.2

采购部一个专门负责技术引进的附属单位转变成了"技术引进公司"。这一拥有14名员工的附属单位/"成本中心"变成了一个完全独立的专业服务公司，它（至少目前）深深植根于那个拥有50名员工的采购部，该采购部隶属于一个拥有2亿美元资产的业务单位，而该单位隶属于一个拥有30亿美元资产的公司。还记得吗？这个重生的"成本中心"——如今的技术引进公司——立志成为"最优秀公司"。不是该部门或公司最好的"部门"，而是整个行业最好的技术采购组织！

技术引进公司的"产品"（服务包）要做到卓越和"难以置信"！（这部有关专业服务公司的著作的要求。）其"知识产权"会得以疯狂扩张并声名鹊起。整体上来说，技术引进公司将使母公司的价值大大增加，而且也会在公司外部大有所为。

（写作该有关专业服务公司的著作时的底线——如今更是如此）"底线"：一个时刻准备外包的"部门"/"成本中心"变成了母公司价值主张极其宝贵的一部分。（另外，显而易见，目前该部门的工作还是老样子……毫无变化。正如我曾大胆暗示过的，也许"这一百万个工作当中某些工作岗位本来能够留住"！）

议题 **11**

增值策略#6

11.39

增值策略#6
一个大胆的社交媒体策略/
20 -5 规则/
一条推特胜过一则超级碗广告/
您就是自己的社交媒体策略

#1：五分钟内二十年的努力付之东流

"曾经的'口碑'如今变成了'网络口碑'。您正在打造的不是品牌大使就是品牌恐怖分子……

顾客完全控制了交流……

顾客期望更快获得相关信息、产品、回应或解决方案。"

"建立声誉需要二十年的时间，但毁掉它只需要五分钟。"

——沃伦·巴菲特（Warren Buffett），转引自布拉德·塔特尔（Brad Tuttle），《沃伦·巴菲特无趣但高超的智慧》，《时代》（*Time*）

#2：一条推特胜过一则超级碗广告

"我宁愿在推特上跟一位顾客对话也不愿看到我们公司试图用一则令人垂涎的超级碗广告吸引数百万人的注意力。为什么？因为有人跟您面对面讨论您的品牌、跟您一对一建立联结要有价值得多——更不要说价格还便宜得多了！……

顾客们希望讨论自己喜欢的东西、自己支持的公司或者他们讨厌的组织和领袖。他们想要一个社区。他们希望让别人听到自己的声音。"

——彼得·阿塞托（Peter Aceto），具有开创性的加拿大金融服务公司橘子银行（Tangerine）首席执行官

一条推特胜过一则超级碗广告。这句话很有分量。多读几遍。

#3：小小的弗吉尼亚公司/全球集团

"尽管我们今天只是弗吉尼亚一家小小的游泳池公司，但我们拥有全世界最繁忙的游泳池网站。五年前，如果您问我……我们是做什么的，答案很简单：'我们是造地面玻璃钢游泳池的。'如今，我们会说：'我们是世界上最好的玻璃钢游泳池专家。'"

——马克斯·谢里丹（Marcus Sheridan），大河泳池与水疗公司（River Pools and Spas），转引自杰·拜耳（Jay Baer），《友利营销》（*Youtility*）

注意：小公司。小城镇。天下无敌。信息：社交媒体蕴含的普遍机会。因此……

#4：社交媒体/每个人都是"品牌的一部分"
远超"赋权"
您就是自己的社交媒体策略

"社会雇员的七个特点：

1. 敬业
2. 期待个人与职业的融合

3. 相信品牌传奇

4. 天生的协作者

5. 善于倾听

6. 以顾客为中心

7. 积极变革推动者"

——谢丽尔·伯吉斯（Cheryl Burgess）和马克·伯吉斯（Mark Burgess），《社会雇员：伟大公司如何发挥社交媒体的作用》（*The Social Employee：How Great Companies Make Social Media Work*）

信息：社交媒体关系到"所有人"。那么，"底线"呢？您就是自己的社交媒体策略——不论您喜欢与否，它都定义了您。（而我们还什么都没有看到。）

任务清单

39.1 为您的社交媒体活动打一个大胆的分数。如果您的得分达不到"令人惊奇"，今天就开始努力。（这一指令包括什么，包括谁呢？所有人。）

任务清单

39.2 招聘启事：专注于社交媒体的执行团队成员。

议题 12

增值策略#7 和#8

12.40

增值策略#7
规模巨大、价值超 28 万亿美元
但服务水平低下的女性市场

"忘记中国、印度或互联网：驱动经济增长的是女性。"

——《性别的重要性》，《经济学家》（*The Economist*）

"女性正驱动着全球经济。她们掌控着价值 20 万亿美元的消费支出，而 5 年内这一数字将增至 28 万亿美元……总的来说，女性代表的成长市场比中国和印度加起来都大——事实上比中国和印度加起来的两倍都大……"

——迈克尔·西尔弗斯坦（Michael Silverstein）和凯特·赛尔（Kate Sayre），《女性经济》，《哈佛商业评论》（*Havard Business Review*）

"女性是成熟市场。"

——法拉·沃纳（Fara Warner）

美国女性的购买份额

家居用品……94%

度假……92%

买房……91%

消费类电子产品……51%

汽车……68%（对购买决定有重大影响……90%）

各种消费类产品……83%

银行账户、银行选择……89%

家庭投资决策……67%

小额商业贷款/小本创业项目……70%

保健（各方面决策）……80%

做慈善（女性捐赠数额是男性的 1.56 倍）决策……90%

——多元来源

此外，在美国，在所有经理职位当中，女性占半数以上，其中还包括一半的采购官职位。因此，可以说女性在商业采购决策中占据了主导。

女人什么都买
女性经济学

总体来说：

女性在消费类购买中位居首位。

女性在商业购买中位居首位。

也就是说，什么东西都是女人买的。

——多元来源

"有一件事情确定无疑：随着人均财富的增加，女性正在社会各个领域、各个层面崛起……而这只是个开始。这一现象只会越来越明显，因为事实证明女生在学校系统中比男生更为成功。对很多观察人士来说，我们已经进入了由女性设想并实践的'女性经济学'时代。"

——欧德天（Aude Zieseniss de Thuin），世界女性经济与社

会论坛，《女性是全球增长的驱动力》，《金融时报》（*Financial Times*）等。

"2020 年之前 22 万亿资产将转移到女性手中。"

——《街》（2015 年："2020 年之前 22 万亿资产将转移到女性手中：为什么女性要当心"。供您参考：这件事已经如期发生了。）

相关阅读

《向女性营销：如何增加您在世界最大市场上的份额》（*Marketing to Women：How to Increase Your Share of the World's Largest Market*），马蒂·巴雷特（Marti Barletta）著。

《购买的力量：聪明的公司如何适应全世界最重要的顾客——女性》（*The Power of the Purse：How Smart Businesses Are Adapting to the World's Most Important Consumers—Women*），法拉·沃纳（Fara Warner）著。

《女性为何购买：触达全世界最强大顾客的新策略》（*Why She Buys：The New Strategy for Reaching the World's Most Powerful Consumers*），布里奇特·布里南（Bridget Brennan）著。

《女人为什么购买：女性驱动的新商业思维》（*What Women Want：The Global Marketplace Turns Female Friendly*），帕科·昂德希尔（Paco Underhill）著。

《足球妈妈的迷思：今天的女性消费者、她到底是谁、她为何购买》（*The Soccer Mom Myth：Today's Female Consumer，Who She Really Is，Why She Really Buys*），米歇尔·米勒（Michele Miller）

及霍利·布坎南（Holly Buchanan）著。

《看不见的女性：为男性设计的世界中的数据偏见》（*Invisible Women：Data Bias in a World Designed for Men*），卡罗琳·克里亚多·佩雷斯（Caroline Criado Perez）著。

⌐ 任务清单

40 少安毋躁。这是一件"大事"。不要着急做出判断。以外部人士为主，对您有关女性市场的取向进行一次彻底的评估。评估者应该主要是或者只能是……女性。

12.41

掌握女性市场：
您能通过"眯眼测试"吗？

有一个能说明您已经准备好抓住机会拥抱女性这一巨大市场的方法，即进行一次"眯眼测试"：

1. 看一眼您执行团队的照片。

2. 眯眼。

3. 该团队的构成跟您有意服务的市场构成有些相似吗？举例来说，如果女性会购买您70%的（消费类或商业类）商品和服务，您这次眯眼是否表明：

女性在团队顶层中占据多数，至少一半一半？如若不然，为什么？

让女性在高层占较大比例的原因有很多，其中之一就是社会公平。事实上，相关研究一贯表明女性是更好的领袖，这也是原因之一。不过，在这一情况下，我只想说——鉴于市场意识、成长和营利性等原因——个人认为，与当前或潜在的市场现实相符合的真正的性别平衡（或者说高层职位向女性倾斜，即女性比例大于50%）具有经济意义。

（供您参考：从设计到营销再到分配，有关男性对女性市场误解的研究可谓汗牛充栋。例如，除个别例外，男人都没法有效针对女性的偏好进行设计。我承认，我很喜欢演讲时说到这一点能引起观众的热烈响应。）

任务清单

41　您能通过该眯眼测试吗？不能？那就从今天开始，为了及格而努力吧。赶紧行动。不要找借口。(能有什么借口呢？)

回顾及问题

回顾我们的两个发现：女性是最好的领袖、谈判专家、销售和投资者；女性购买……一切。简单来说，您所属的组织跟这两个发现相符吗？

组织效度和市场业绩，或者说，卓越取决于您对刚才这一问题的回答。

12.42

增值策略#8
规模巨大、服务水平极其低下的"老年人"市场

"'老年力量'将主导 21 世纪,可惜我们对此毫无准备。"

——肯·戴奇沃迪(Ken Dychtwald),《老年力量:即将步入老年者主导的二十一世纪》(*Age Power: How the 21st Century Will Be Ruled by the New Old*)

"对于数千家公司的几十条产品线来说,44 岁至 65 岁这一年龄层会成为其顾客的新主力,他们是可能切实带来大幅销售增长的唯一成年人市场。"

——戴维·沃尔夫(David Wolfe)和罗伯特·斯奈德(Robert Snyder),《营销无关年龄:深入新的顾客主力内心的策略》(*Ageless Marketing: Strategies for Reaching the Hearts and Minds of the New Customer Majority*)

前半生与后半生

"对于今天年届五旬的人来说,其成年生活刚刚过了一半。"

——比尔·诺维里(Bill Novelli),美国退休人员协会前会长,《年过五旬:引燃一场重塑美国的革命》(*50 +: Igniting a Revolution to Reinvent America*)

158

例如……

"普通美国家庭一生会购买十三辆汽车，而其中七辆是在一家之主五十岁之后才购买的。"

——比尔·诺维里，《年过五旬：引燃一场重塑美国的革命》

有些统计数字只需几个字就能成为人们关注的焦点，下例即为"其中之一"：五十岁只不过是人生的一半。（营销者——你们这些傻瓜——请听好。）

"年龄四十以上的一家之主享受着全部人口净资产的91%……该成熟市场是美国经济的主导市场，所有类别的大部分支出都出自该市场。"

——卡萝尔·摩根（Carol Morgan）和多兰·利维（Doran Levy），《根据婴儿潮期间出生者及比其年长者的心态进行推销》（*Marketing to the Mindset of Boomers and Their Elders*）

55 ~64 岁者 VS. 25 ~34 岁者

新车和新卡车：55 ~64 岁者的花费比 25 ~34 岁者多 20%

在全服务餐厅用餐： + 29%

机票： + 38%

运动设备： + 58%

机动休闲车辆： + 103%

葡萄酒： + 113%

维护、修理和家庭保险： + 127%

度假旅馆： + 258%

家政及庭院服务：+250%

——马蒂·巴雷特（Marti Barletta），《女性的黄金时代》（*Prime Time Women*）

"对于我参与过的任何营销计划来说，五十四岁是最高的分界点。人大概到了五十岁，工作了一辈子才开始有钱花，这一点想想就让人觉得奇怪，而这一花钱的时间点……

年长者很在意形象。就我们的文化来说，我们都习惯于年轻……当我们想到年轻，我们会想到'精力充沛、丰富多彩'；当我们想到中年或'成熟'，我们会想到'身心俱疲、无精打采'；当我们想到'年老'或'年长'，我们想到的是'精疲力竭、满头白发'或者我们更有可能想都不想。

财务数字绝对无可辩驳——这一成熟市场的财力雄厚。然而，广告商对他们仍然无比冷漠。"

——马蒂·巴雷特，《女性的黄金时代》

"很可悲，营销者试图触达那些五十岁以上者的尝试一直都不成功。人们对市场动机和需求的误解从未如此之深。"

——彼得·弗朗西斯（Peter Francese），出版商，《美国人口学》（*American Demographics*），1992年的演讲（请多读几遍！）

"老家伙们并非'没多少钱'，所有钱都在我们手里。"

——汤姆·彼得斯（Tom Peters）

供您参考："所有钱都在老家伙们手里"这一说法毫不夸张：

1.（基本上）所有钱都是我们的。

2. 我们还有很多时间花这些钱。

3. 总的说来，房贷和学费单子都已经付清了。

4. 圣杯是我们的：可随意支配收入。

任务清单

42.1

这一分析极其不完备。举例来说，什么是针对老年人的有效产品开发或营销呢？一方面，想想前文有关男性无力为女性设计的有关评论。关于这一点：同上！总体来说，"年轻人"也无法为"老家伙"进行有效设计。他们也无法对老年人进行有效营销。如此等等。简单地说，为了利用这一大好机会，我们需要对该企业——从上到下进行战略再调整。

任务清单

42.2

关于年龄和代表性，在您的营销和产品开发团队中开展一下任务清单 41 中讨论过的"眯眼测试"——只不过这次的试剂是年龄。

12.43

结束语：增值策略#7 和#8 /
错过的大好机会，
严重的战略愚蠢性

最近的（2019 年）研究表明，金融服务领袖位置上男性的代表权严重过度。然而，大多数金融决策出自女性之手。女性是比男性更成功的投资者。

同样，我们一直在说老年人市场的重要性，但实际上仍对老年人市场视若无睹。

举例来说，老年人购买了 50% 的商品和服务，但是只有 10% 的营销支出以他们为目标。

过去二十年间我一直在不断研究、不断宣传这两个如此巨大的市场机遇，但商界的回应令人遗憾，对我来说，这是我职业生涯中很大的迷思之一。

任务清单

43.1 重读一下这两个部分。如果您相信这些东西——您怎么可能不信？——今天您打算如何开始审视您现在的位置，以及您可能到达的位置呢？请切实把这一议题加入您所有日程表。现在就做。

任务清单

43.2

回想一下"眯眼测试"。现在该开始真正的"眯眼测试"了。看一下您的执行团队、产品开发团队、人事团队和采购团队的照片。这些照片跟您所服务的市场相似吗？例如：女性、黑人、西班牙裔、老年人、白人等。如果您处于高层（"高层"不仅意味着首席执行官和首席运营官，而且至少包括最高管理层和次高层），给自己一年的时间进行战略改变。十二个月后，重做一下该"眯眼测试"。我希望，此时您或许能得到不同或者非常不同的结果。注意：相比那些大公司，这同样适合于仅有25名或12名员工的公司。（可以说，这并非某个"战略优先事项"，这是唯一的战略优先事项。）

12.44

小结：8 个增值策略

增值策略#1：极限人本主义，以设计为灵魂，根据我们是谁而设计。

增值策略#2：运行良好，令人情绪激动的经历，忘不了的经历。小胜于大。

增值策略#3：好货不便宜，收益先于成本，别无其他规则。

增值策略#4：我们不需要商品这样的东西，作为文化偶像的车库，作为艺术家的水电工。

增值策略#5：额外的服务。"我们会为您做好一切。"

增值策略#6：一个大胆的社交媒体策略，20 - 5 规则，一条推特胜过一则超级碗广告，您就是自己的社交媒体策略。

增值策略#7：规模巨大、价值超过 28 万亿美元但服务水平低下的女性市场。

增值策略#8：规模巨大、服务水平极其低下的"老年人"市场。（为什么营销者对此一无所知？）

议题 **13**

创 新

13.45

创新#1：
尝试最多东西的人是赢家
（WTTMSW）

WTTMSW 是创新的全部内容。诚然，这种说法似乎有些过于简单化，而且，考虑到创新这一议题在今天的重要性，好像情况尤其如此。我的回答是，将 WTTMSW 作为创新的核心基石是我四十多年来经过大量思考、观察、研究和试验后才得出的结论。

本书围绕"八个基本点"而展开。事实上，WTTMSW 正是其中最重要的一点。第一点："偏好行动"。

我们对"干扰"进行了相当多（甚至过多）的探讨，这就一定意味着"毁掉相关业务"的行动吗？也许，不过，我认为应对干扰的最主要方式就是让全体员工都成为100%（一点儿不差）成熟的、认真负责的、每天都坚守 WTTMSW 信条的人。（相关探讨见下文有关"认真玩"部分。）

WTTMSW/预备－开火－瞄准

"预备－开火－瞄准。"

——罗斯·佩罗（Ross Perot），电子数据系统公司创始人论其开拓性的、极其成功的经商之道。（佩罗将电子数据系统公司卖给了通用公司。此后，他说电子数据系统公司的立身之本是"预备 – 开火 – 瞄准"。通用公司的立身之本是"预备 – 瞄准 – 瞄准 – 瞄准……")

西南航空公司的 WTTMSW 战略

"西南航空公司有一个'战略'，它叫作'做事'。"

——赫布·凯莱赫（Herb Kelleher），西南航空公司创始人

上帝保佑你，赫布。已故的凯莱赫先生曾是我的一位好友；用"言行一致"描述他真的太过于轻描淡写了。

WTTMSW 与彭博公司

"我们当然犯过错误。大部分错误都是当初编写软件时没有想到的一些遗漏之处。通过一次又一次、一遍又一遍的使用这些软件，我们修正了这些错误。我们每天都在做相同的事情。当我们的竞争对手还在天真地希望让自己的设计尽善尽美，我们已经开始着手研究第五代原型了。等到我们的对手准备好电线和螺丝的时候，我们已经着手研究第十代原型了。问题又回到了规划与行动的差距：我们从第一天就开始行动了；其他人光计划如何制订计划就花了几个月的时间。"

——迈克尔·布隆伯格（Michael Bloomberg），《布隆伯格自传》（*Bloomberg by Bloomberg*）

WTTMSW/直接开始做事

> "我想成为一名摄影师。
>
> 那就放手拍照。
>
> 开一个摄影博客。
>
> 拿自己最好的照片组织一场艺术展。
>
> 开始做事。
>
> 我想成为一名作家。
>
> 那就放手写作。
>
> 在社交媒体上发声。
>
> 开一个博客。
>
> 为朋友们写写博客文章。
>
> 开始做事。
>
> 鼓唇弄舌不需要什么成本。
>
> 要直接开始做事。"
>
> ——里德·席尔佩罗特（Reid Schilperoort），品牌策略师，论曾帮助自己克服创造障碍的"唯一一条建议"

我再次感受到了对于"过于简单化"这一攻击的恐惧。我再次忍受住了。闭上嘴巴，别老坐着。开始做事。主动找点事情做。

开始做事。现在就开始。现在，就是现在！（供您参考：仅限……个人。我从未有过什么计划或者什么大目标，类似的东西也没有过。我只是不断行动，而一路上那些"重要的东西"会进行自我复制！）

任务清单

45　这一理念非常简单，但执行绝不简单。也就是说，WTTMSW 跟某种包容性的"试试/试试这个/试试那个/现在就试"的态度有关。它跟某种生活方式有关。这种生活方式是凌乱的、非线性的，跟常见的"守规矩""按部就班""照章办事"的标准正好相反。

给您提个问题：您是否相信以 WTTMSW 作为所有人立刻行动进行创新的引擎这一假设？如果您倾向于这种做法，在脑海中想象一下"所有人"/"试一下"的环境是怎样的。例如，它在您一天中的常规互动中意味着什么？您（老板）和我进行了一次虚拟的一对一交流，处理完一两个正式问题后，我问："您正在做的事情很新鲜也很酷，我能帮什么忙吗？"这听起来可能有些像陈词滥调，事实上也的确如此。不过，重要的是树立一种期待，期待所有人都能不断尝试调整自己的所作所为。"哦，麦克斯，你知道我们正在弄的那份新的每周财务报告。我们正在试验能把准备时间减半的新方法。例如……"如此等等。这种交流每天都会很自然地发生很多次。还是那句话，所有人、所有等级、所有资质、所有部门都包括在内。

事情会说话

（"事情"一词没错。某些事情。任何事情。）
向来如此。
对所有人如此。
在任何地方亦是如此。

13.46

创新：
快速失败是当务之急

"失败地越快，成功地越早。"

——大卫·凯利（David Kelley），艾迪欧公司（IDEO）创始人

"失败–向前–快速。"

——费城高科技首席执行官

"再次尝试。再次失败。败中有进。"

——萨缪尔·贝克特（Samuel Beckett）

"奖励杰出的失败，惩罚中庸的成功。"

——在悉尼一场活动中，一位澳大利亚主管对我说，这就是"我成功背后的几个字"（这句话绝对属于"我最推崇的十句引言"之一。这句话的每个字都要认真对待，即"奖励……惩罚……"）

"在商界，人们奖励那些冒险者。即便他们的冒险不成功，你也要晋升他们——因为他们愿意尝试新的东西。如果有人说他们滑了一整天雪也没摔下来，我会让他们换座山试试。"

——迈克尔·布隆伯格，《彭博商业周刊》（*Bloomberg Businessweek*）

"真正重要的是，那些<u>不</u>再继续试验的公司（不喜欢失败的

公司）最终会陷入绝望，它们最终唯一能做的事情就是祈祷‘万福玛利亚保佑’。"

——理查德·法尔森（Richard Farson）

失败：

奖励！

晋升！

接受！

欢庆！

越多越开心！

越快越好！

任务清单

46

假定您相信我的说法，使用上述强烈词汇（例如"接受""欢庆"和"晋升"）跟您的同事们进行一场漫长的讨论。想象一下采取哪些步骤才能向他们灌输一种奖励——失败——快速文化。这件事情非常难做，因为通常它跟标准的组织惯例相反。

领导团队必须相信——全心全意——快速失败的力量。这一信念必须扎根于公司文化之中。而且，公司必须每天严格"实施"（强化）。

13.47

创新：一项文化使命/
所有人"认真玩"

"除非您已经准备好、愿意且也能够认真玩，否则您不可能成为严格意义上的创新者。'认真玩'不是某种矛盾修饰法；它是创新的精髓。"

——迈克尔·施拉格 (Michael Schrage)，《认真玩》(*Serious Play*)

认真思考一下"认真玩"这一理念及"认真玩"的那种生活。这一问题跟文化有关："人生在世，一周 7 天，一天 24 小时，该如何度过？"事实上，这也是 WTTMSW 最重要的必要条件。我还要说，它与"不断进步""灵活"等理念也不同。它更宽泛、更有包容性（如前所述，所有员工）、不那么一板一眼——说到底它就是……"认真玩"。它确实值得被某位巨星级创新思想家兼研究者写成一整部"必读书"。

您希望实行 WTTMSW 战略吗？

创新#1：一种所有人"认真玩"的文化。

任务清单

47

准备妥当：

1. WTTMSW/"开始做事"。

2. 奖励和庆祝失败——越快越好。

3. 我们"认真玩"。

13.48

创新：不尝试就会错过所有机会

"不射门一个球也进不了。"

——韦恩·格雷茨基（Wayne Gretzky）

千真万确！这绝对是我最喜欢的"五句引言"之一。或许这是我最喜欢的那个？

创新/WTTMSW/约翰·塞巴斯蒂安·巴赫（J.S.Bach）也是如此！

"巴赫跟他那些被人们遗忘了的同辈们之间的区别并不一定是他弹得更准。他们之间的差别在于，平庸者也许能想出十来个好主意，而巴赫一生中创造了1000多部音乐作曲。心理学家保罗·西蒙侬（Paul Simonton）认为，天才就是天才，因为他能把数量惊人的见解、理念、理论、随感和意外联想整合起来，最终总能造就伟大的东西。西蒙侬写道：'质量是数量的一个或然功能。'"

——马尔科姆·格拉德威尔（Malcolm Gladwell），《创造之谜》，《纽约客》（*The New Yorker*）

教训："质量是数量的一个或然功能" = WTTMSW。

任务清单

48 请您琢磨一下：WTTMSW/即便巴赫也是如此。我直言不讳：这与"文化"有很深的关系。因而，执行是一项艰难而持久的工作，它始终"在进行之中"。

13.49

创新#2:
"跟另类接触"策略

"让人们跟与自己不同的人，具有自己不熟悉的思维模式和行为的人接触，这样做的价值再怎样高估也不可能过分。这种交流一直是进步的主要源头之一，在当前这个时代尤其如此。"

——约翰·斯图亚特·穆勒（John Stuart Mill）（1806—1873），《政治经济学原理》（*Principles of Political Economy*）

"真正的航海旅行不是为了寻找新的风光，而是为了获得新的眼光；在于通过另外一个人、一百个人的眼睛看到整个宇宙——在于看到他们每个人看到的一百个宇宙。"

——马塞尔·普鲁斯特（Marcel Proust），《囚徒》（*The Prisoner*）

我有关创新的五大理念（之第二个）：多样性。纯粹意义上的多样性——不断地、有计划地接触有关任何维度的重大不同之处。

"人们会越来越像跟自己联系最密切的五个人——这可能是福也可能是祸。"

——比利·考克斯（Billy Cox），销售培训大师

（我希望）您会说："这引言太棒了！"这很好，不过，请您务必暂停一下脚步进行一番反思。这太真实、太重要

了。这是最重要的"战略"问题。我们都会下意识地（如果不有意识地不断抵制）倾向于"同类"。在 21 世纪未来的纷乱岁月中，这是一种非常糟糕甚至灾难性的做法。

任务清单

49.1 请对那五个人进行一次实实在在的多样性评估！

吃什么像什么。跟谁在一起就像谁

真言：与"另类"同行则日益另类。与"愚者"/"同类"为伍则日益愚笨。毋庸讳言。

如前所述，在这个癫狂的时代，跟与自己迥异的"他人"打成一片是一种战略必要——它只能是审慎的、艰苦的、细致的工作才能带来的一种副产品。哎！我们从来只会默认"同类"。

"谁是你在过去 90 天中遇到过的最有意思的人？我怎样才能联系上他们？"

——弗里德·史密斯（Fred Smith），联邦快递创始人，向我提出的问题

意料之外：弗里德问我这个问题时，我们正坐在演员休息室里等着美国有线电视新闻网的采访。本应该占据上风的我却想不出一个像样的答案。25 年后，这事儿还不断让我感到尴尬。

任务清单

49.2   您的答案是什么呢？

多样性（本身）比能力更重要

"多样性问题解决者——具有多元背景的人——历来的表现都比最优秀、最聪明的问题解决者好。如果组成两个小组，其中一个是随机组（因而具有多样性），另一个由表现最好的个人组成，几乎总是第一个小组的表现要更为出色……多样性比能力更重要。"

——斯科特·佩奇（Scott Page），《多样性红利：工作与生活中极具价值的认知工具》（*The Difference：How the Power of Diversity Creates Better Groups，Firms，Schools，and Societies*）

请读一下斯科特·佩奇的著作。

好好吸收。

书中内容"非常"令人震撼！

（再说一次：多样性本身比"最优秀或最聪明"更重要！）

任务清单

49.3   此处传达的结论对组织的每次聚会都会有所启迪。我要讲的是：关系到决策，务必要有多样性意识！

跟另类打成一片/后续措施

追求多样性……具有战略意义，事关整个企业。它应该成为以下方面的一个主要因素：

- 聘用决定。
- 评估。
- 晋升决定。
- 供应商的选择。
- 时间管理！（根据您日历上每天一次的评估，您上周的"另类得分"是多少？）
- 真实或虚拟的午餐。（一年有220次工作午餐。最近10次跟您共进午餐的人是否体现了多样性/"与另类打成一片"原则呢？）
- 会见参会者。（任何会议上有没有代表不同观点的"不速之客"？）

任务清单

49.4　根据这些变量开展坚定的多样性评估！

瓶颈就在瓶子顶部

"瓶颈就在瓶子顶部……在哪里能找到最缺乏多样性经历、最看重行业教条的人？在顶层。"

——加里·哈默尔（Gary Hamel），《作为革命的战略》，《哈

佛商业评论》（*Harvard Business Review*）

这话非常耳熟！

这话确实有道理！

这是价值连城的战略！

适合 2021 年的 10 人董事会样本

30 岁以下成员至少有两名。（必须服务于年轻人/2021 年年轻人在顶层引导我们。这非常难得！）

至少包括四名（或五名，或六名？）女性。（男女平衡的董事会能带来非常出色的表现。）

一名信息技术/大数据巨星。（并非一名"信息技术代表"，而是一位来自软营或谷歌这类公司的认证大神。）

一两个企业家，或者一位风险投资者。（董事会必须具有企业家气质。）

具有"另类"背景的显赫人士：艺术家、音乐家等。（我们需要定期的、令人不适的、有些怪异的挑战。）

一位认证"设计大师"。（在我的计划中，董事会层面值得关注的设计者不可或缺！）

最多一两位 60 岁以上的人。（老年董事会太多了！）

拥有工商管理硕士学位者不能多于三人。（为什么？人们必须超越工商管理硕士-墨守成规-线性思维-喜欢分析-人数泛滥-毫无特色这一模型。）

——受加里·哈默尔的启发

［本书从头至尾对工商管理硕士进行了无情的批评。当然，我自己也有一个在斯坦福大学获得的工商管理硕士学位。（我称自己为一个"恢复中的工程师工商管理硕士"。）无疑，您早就知道我不满的是工商管理硕士项目无一例外都专注于"硬件"（当然，我觉得是"软件"）而轻视"软件"（而我觉得是真正的"硬料"）这一现象。当然，工商管理硕士当中也有例外。而且，正如本书书名所示，我的目标之一当然也是为了帮助那些工商管理硕士们朝着极限人本主义的方向进行再平衡。］

任务清单

49.5　　您的董事会（或顾问团）的组成情况如何呢？

13.50

创新#3：
不适的力量和必要性

"只有不那么舒服我才觉得舒服。"

——杰伊·恰特（Jay Chiat），广告界传奇，恰特戴（Chiat/Day）公司创始人

"你必须学会不那么谨小慎微。"

——摄影师戴安·阿勃丝（Diane Arbus）对自己的学生说过的话

"如果一切看起来都在掌控之中，那只能说明你开得不够快。"

——马里奥·安得雷蒂（Mario Andretti），车手

"每天做一件让自己害怕的事情。"

——玛丽·史密契（Mary Schmich），普利策新闻奖获得者

任务清单

50 不打折扣地听从玛丽·史密契的指令并付诸行动！另外，说时容易做时难！（再笼统一点讲，不要按这些引语说的那样去赛车，但可以把它们当作日常行为的务实指南。）

13.51

创新#4：
避免中庸/疯狂的力量

"我们很疯狂。我们应该只做别人觉得'疯狂'的事情。如果别人说某事'挺好'，那意味着已经有人在做这样的事情了。"

——御手洗肇（Hajime Mitarai），佳能公司前总裁

凯文·罗伯茨（Kevin Roberts）的信条：

1. 预备-开火-瞄准。

2. 如果什么东西没坏……弄坏它！

3. 雇一些疯狂的人。

4. 问一些傻问题。

5. 追求失败。

6. 引领，跟随……否则就走开！

7. 传播困惑。

8. 丢开办公室。

9. 读一些奇怪的东西。

10. 避免中庸！

——1997—2016年凯文·罗伯茨（Kevin Roberts）担任萨奇广告公司的首席执行官。（我认为他的著作《至爱品牌》是"有史以来最好的商业书籍"之一。）

"我们每承担一个项目，都会问一个相同的问题：'如果要做

别人没做过的事情，我们该怎么做？'"

——斯图亚特·霍纳（Stuart Hornery），《不设限公司》，《*Fast Company*》

"让我们建一个后代会觉得我们疯狂的建筑吧。"

——15 世纪塞维利亚大教堂的建筑师

"我们都认为你的理论很疯狂。我们唯一的分歧在于你的理论是否足够疯狂以致可能有些道理。"

——尼尔斯·玻尔（Niels Bohr）回答沃尔夫冈·保利（Wolfgang Pauli）

"理性的人会适应世界，不理性的人会一直试图让世界适应自己。因此，所有进步都取决于理性的人。"

——萧伯纳（George Bernard Shaw），《人与超人：革命者手册》（*Man and Superman：The Revolutionists' Handbook*）

"爱丽丝说：'试也没用，没人相信不可能的事情。'女王说：'我敢说你练得不够多。我在你这个年纪的时候，每天都会花半小时练习。为什么呢？因为有时候我相信早饭之前就可能发生六件不可能的事情。'"

——刘易斯·卡萝尔（Lewis Carroll）

任务清单

51 把这些引语变成您正开展的大小项目的实际"准则"。例如，按照 1 ~ 10 分对您的每个项目的"疯狂程度"打分。如果您大部分得分达不到 6 分以上，您应该开始担心了。

13.52

创新#5：
对创新的内心呼唤

"人类的创新能力是最终的经济资源。"

  ——理查德·佛罗里达（Richard Florida）

"每个孩子天生都是一位艺术家，问题在于如何保持他们艺术家的灵性。"

  ——巴勃罗·毕加索（Pablo Picasso）

"在场的有几位是艺术家？请举下手。一年级：所有孩子都会一下子跳起来举手示意。每个孩子都是艺术家。二年级：大约一半的孩子会举手，但举手高度不会超过他们的肩膀，而且举起来的手也不会挥动。三年级：30个孩子中最多会有10个孩子会试探性地举一下手。到我上六年级的时候，最多一两个孩子会举手，还会因为被大家当作'隐身艺术家'而露出些许胆怯的神情。问题在于：

我到过的所有学校都会对创造性天才进行系统的压制。"

  ——戈登·麦坎齐（Gordon MacKenzie），《绕着大毛球飞行：寻找工作的从容轨道》（*Orbiting the Giant Hairball：A Corporate Fool's Guide to Surviving with Grace*）

"我妻子和我去参加了一场幼儿园的家长会，结果被告知我们家那位刚刚崭露头角的冰箱艺术家克里斯托弗的艺术课要挂科了。我们都很震惊。哪个孩子——更不要说我们的孩子——在这么小的年龄在艺术方面的成绩会这么差呢？他的老师告诉我们他拒绝在线内涂色，而在线内涂色是州政府提出的能表明'年级水平动作技能'的要求。"

——乔丹·艾扬（Jordan Ayan），《解放创造精神并找到灵感的十种方式》（*AHA!：10 Ways to Free Your Creative Spirit and Find Your Great Ideas*）

"托马斯·斯坦利（Thomas Stanley）不仅没发现读书读得好跟财富积累能力之间有什么积极关联，相反他发现二者之间存在一种消极关联……斯坦利得出的结论是'似乎根据与学校有关的评估很难预测未来的经济成功'。能预测成功的是愿意冒险的意愿……然而，大部分学校的这一成功—失败标准都会惩罚冒险者……大部分教育系统都会奖励那些谨慎行事者。结果，那些书读得好的人发现长大后很难再去冒险。"

——理查德·法尔森（Richard Farson）和拉尔夫·齐耶斯（Ralph Keyes），《犯错最多者是赢家》（*Whoever Makes the Most Mistakes Wins*）

呃……

任务清单

52.1　好吧，"呃"的意思是不太行得通。因此，我把这一有关学校，尤其是跟您直接或间接有关的学校的问题留给您自行解决。需要指出的是，鉴于目前巨大的社会和科技变革，这一问题极其重要且紧迫。

任务清单

52.2

从长远来看，这一点适合于各种学校。但是，可恶的是，这也注定让您的职场成为一个全面的创新样本——包括所有雇员和承包商。我希望您能把创新（本身）作为所有岗位招聘的标准和所有晋升决策的一部分。（在人工智能时代：创新 = 生存。相关内容：请回想一下有关极限人本主义的讨论。）

议题 **14**

带着同情心和关爱进行领导，
21 个被证实的策略

带着同情心和关爱进行领导

你必须在乎

走动管理

Zoom 管理

走动管理：领袖最重要的活动

认同：最强大的词汇

我是一位热情的施予者

倾听：最重要的核心价值

善良是自由的

阅读，阅读，阅读

本书所写的领导术是策略而非战略。

没有"愿景"，没有"真实性"，没有"干扰"，只有……"东西"。

也就是说，有二十几个一定能够发挥作用的策略。"一定"有些自吹自擂，但本书的每条建议均被证实能够发挥作用。一次又一次……一次又一次。

我的目标是让您上场。也就是说，请您精心挑选相关理念，拿一两个来试一下。呃，从今天就开始！（话已至此，下面列出了每个上述领导策略的基石：你必须在乎。）

该您了……

14.53

"在乎主义"
你必须在乎

"有一条建议有助于您成为一名更好的领袖，能带给您更大的幸福，能比其他任何建议更能促进您的事业……无须什么特殊人格或化学作用……这一任何人都能做到的建议就是：你必须在乎。"

——梅尔文·蔡斯（Melvin Zais）将军在美国陆军战争学院对高级军官的讲话（我曾经在美国海军学院做一年一度的福里斯特尔演讲——分发了4000张以"必须在乎"为主题的蔡斯发言的光盘。我认为该发言的重要性值得这样做。）

基石：除非领袖或准领袖真的（的的确确！不会扯淡、不会闪烁其词）在乎/在意别人，否则这些有关领导术的"有保证的策略"都是胡言乱语，都纯属浪费时间！

在乎主义 = 你必须在乎 = 必要条件

［提醒一下：这正是我们先前有关招聘和晋升的讨论所暗示（实为责令）的东西。您想要在乎主义吗？在进行招聘时践行它。您想要在乎主义吗？在晋升决策时践行它。］

14.54

走动管理/《追求卓越》
一书的照明灯

> "人们可以假装在乎，但他们不能假装在现场。"
>
> ——得克萨斯·比克斯·本德尔（Texas Bix Bender），《三思而后行：牛仔的人生指南》（*Don't Squat With Your Spurs On：A Cowboy's Guide to Life*）

> 走动管理。
>
> ——惠普的谦恭之处

走动管理是《追求卓越》一书的生命力所在。走动管理者并非众多战略计划或浩如烟海的财务报表等抽象概念中所提到的商界领袖。相反，他们是商场上真正的人，他们跟真实的工作及那些做这些工作的人关系密切。

1979 年的时候，当时为了写作《追求卓越》而开展的研究还处在初期阶段。研究的名称平平无奇，叫作麦肯锡"组织效度项目"。我的同事鲍勃·沃特曼（Bob Waterman）跟着我到处进行采访。我们的候选采访名单上有我们在帕洛阿尔托的近邻（当时我们停留在旧金山），那是一家非常活跃但也相对年轻的创新型公司，名字叫作惠普（Hewlett-Packard）。

去帕洛阿尔托的路程只有 25 英里（1 英里 =1.609 千米），很快我们就坐到了惠普总裁约翰·扬（John Young）的"办公室"（一个 8 米长 8 米宽的半墙隔间）里面，"办公室"周围就是机械车间。对话开始没多久，我们就听到扬谈起了"MBWA"。我想他说的就是著名的"惠普方式"，他说惠普的基石就是这一（奇怪的）叫作"MBWA"的东西。

当时鲍勃和我对此一无所知，但就在我们听到这一说法的那一刻，我们的职业生涯就完全改变了。

当然，扬先生所说的 MBWA 指的就是走动管理，如今这一管理方式已经传遍了大半个世界。一直以来它指的就是……通过四处走动进行管理。其深层含义：不能在自己的办公室/隔间，或者通过发信息或电子邮件或演示文稿或电子表格进行领导，要通过人与人的互动进行领导。本书旨在"推销"极限人本主义，其中包括个性化虚拟互动。领袖既要跟团队成员互动也要跟团队外的人士互动。总之，情感投入方面的大力投资使一切得以顺利完成。

无论怎样，如今，虽然已经过了 40 多年，我依然在苦苦恳求。我恳求您放下此刻您正在做的事情——拿出半小时试一下走动管理。（或 MBZA，见下文。）

好吗？

任务清单

54.1 要求每天都进行走动管理 = 最有效的领袖行动。

走动管理＝乐趣！
（否则就辞职）

为什么要进行走动管理呢？

因为这很有趣！

如果毫无乐趣……

无疑，通过走动管理，您可以近距离了解组织内部的情况。不过，您能了解的东西还远远不止这些。《追求卓越》出版35年后，当我在新西兰的沙滩上散步时，有一个念头像闪电一样在我头脑中浮现出来，即人们进行走动管理是因为它很有趣。走到工作场所跟那些奋力应对日常问题的团队成员们在一起是一种快乐，或者说应该是一种快乐。分享彼此的故事是一件很有趣的事情。您一定能了解到非常重要的"东西"。不过，在走动管理能带来的东西当中，这些东西只能占到5％，其余的则是人类组织/社区中的情谊。我对这一超"软"活动充满了坚定的信念：如果您真的不太喜欢跟自己的员工待在一起或进行亲密的接触；如果您真的不太喜欢在凌晨1点跟配送中心团队聊天，我真诚地建议您下半辈子找点别的事情去做。对不起。

任务清单

54.2

玩得开心！

跟自己了不起的团队待在一起！

多了解他们！

了解他们的喜怒哀乐！

> （此外，说真的，如果这种散漫的"待在一起"
> 让您感觉毫无乐趣，考虑一下您做了一辈子的事业，
> 以及您现在正在做什么。这不是小事，是的，而且
> 非常紧迫。）

走动管理：结束语
每个星期逛 25 家店！

"我总喜欢逛逛我们的店——至少每周 25 次。我也会去其他
地方：家得宝（Home Depot）、全食（Whole Foods）、克雷百瑞
（Crate & Barrel）等。我就像一块海绵一样尽可能多地吸收一些
东西。"

——霍华德·舒尔茨（Howard Schultz），星巴克创始人/首席
执行官，《伟大的密码》，《财富》

人们甚至无法想象舒尔茨每天要面对多少大大小小有待完
成的任务。不过，他还能做到每周逛 25 家店。关于一位高效
的领袖能够/愿意花多长时间亲自行动并与雇员和顾客保持直
接接触，舒尔茨的做法堪称出类拔萃。

14.55

当走动管理遭遇 Zoom 管理

很多阅历比我更丰富的人都愿意聊聊这一议题。我想用不了一年半的时间，亚马逊的虚拟书架就会展出（至少）25 本有关"带来令人叹为观止的高效居家工作的七个步骤"的新书。

我的提议很简短，我希望您能创造"更好的会议"。我想提醒您做任何事情保持长期高效的精髓在于跟各方人士所建立的良好关系，尤其是跟外部人士的良好关系，而创新的精髓在于偶然的互动——在走动管理/视频软件管理领域，这两种关系都不会自发形成。

但是，请不要停止尝试！铁律（可恶）：人之为人，离不开社交闲聊。为此，请自行设计您的虚拟方式。关键：尝试！坦率地说，此时此刻，我们任何人都不清楚自己到底在做什么。因此，……且行且补吧。

（供您参考：自 2020 年 3 月起，我已经完成了大约 50 期 Zoom 播客或展示。我完全相信您能够在 Zoom 会议中传达与面对面交流几乎一样的关爱、体贴和同情。"底线"：您仍然能够"使其个性化"！）

关于 Zoom 类会议的几点建议：

不要让能说的人——外向的人——出尽风头。

不管采用哪种方式，都要让所有人参与对话。

千万不要使用可恨的马基雅维利软件工具对参会者的在线时间进行监控或微管理。不要像弗雷德里克·泰勒（Frederick Taylor）（时间动作研究大师）那样。现在决定如何使用 Zoom 的人是您自己。

黄金规则：永远保持积极。尽量不要消极。（见下文：积极的强化比消极的强化强大 30 多倍——一般情况下是 30 多倍，在如今这种紧张环境下其能量还要再强大 10 多倍。）

本书大概从第 1 页开始就一直在强化一个重大主题：雇用高情商的人。晋升高情商的人。所谓的"软技能"实际上是真正的"硬技能"，在居家办公/Zoom 管理情况下，"软技能"要重要得多。

在疫情期间……要做一位女老板，一个善良的、充满关爱的人。不要搞"特殊对待"，因为那是一种戒备心理。相反，要知道每个在场的人都承受着您难以想象的压力。因而，您要带着"善意"而不是"容忍"行动。

在新冠肺炎疫情让人们忧心忡忡之时，加拿大公园管理局的一位职员给所有居家办公的雇员发了一份备忘录。一位收到备忘录的职员把它分享到了推特上面。以下是备忘录中列出的"规则"：

疫情期间远程办公原则：

1. 您并非"居家办公"，您是"在危机期间在自己家中设法办公"。

2. 现在您个人的身体、精神和情绪健康比任何东西都重要得多。

3. 不要试图通过加班补偿生产上的损失。

4. 要善待自己，不要根据别人怎样做判断自己做得如何。

5. 要善待他人，不要根据自己怎样做判断他人做得如何。

6. 人们不会根据正常情况衡量您的团队取得了怎样的成功。

任务清单

55　竭尽全力。尝试！尝试！再尝试！从加拿大公园管理局的做法中借鉴一下：与人为善。体贴他人，弘扬人道，这是值得做的好事。坦白地说，这对长远的生产效率也非常有利——被关爱的雇员都是富有生产力的雇员。

在某种意义上，该备忘录上所展示的这种体贴的价值都堪比黄金。女领袖们，我建议您借用一下！

回复：对于使用 Zoom 会议者来说，还有一种进行 Zoom 管理的设备——手机！可以说，相比电子邮件/信息/Zoom，手机是一种跟伊冯（或汤姆）联系时更为亲密的媒介。一位密友说电话是"一种侵犯"。我坚决不同意。一通本来只需要 5 分钟的电话很容易打上 15 分钟或 20 分钟，这期间那些极重要的题外话的价值比黄金还要贵重。你们聊了计划好的议题、八卦、差劲的顾客，得知伊冯的父亲得了重病，如此等等。依我的经历来说，进行 Zoom 会议时这种情况不太可能发生，当然更不会是信息或电子邮件中可能出现的内容。

祝您好运！

14.56

会议意味着最重要的领导机遇：
让会议实现卓越，否则毫无价值

（事实：您的大部分时间＝会议＝最重要的领导机遇＝最重要的实现卓越的机遇。众所周知！）

让会议实现卓越：如果一场会议无法激发参会者的想象力和好奇心，无法增加互信、合作、投入或价值感，无法启动快速行动或提升热情，那么这种会议就意味着一次机会的彻底丧失。

是的，这话说得很极端。但是，如果"会议就等于我做的事情"这一说法基本准确，那么我想以上定义就算是无懈可击了，尽管人们很难一直都能实现自己的目标。

会议规则：准备。准备。
（准备，再准备）

1. 为某场会议/每一场会议做准备，就当作您整个职业生涯和遗产都有赖于这场会议一样来准备。事情也的确如此！毫不夸张！（就我的个人经历而言，老板们所做的会议准备工作效能极其低下。）

2. 见第 1 条规则。

3. 倾听时间 > 发言时间。

4. 在任何情况下，都不应该迟到。（迟到 = 不尊重他人。）

5. 每场会议都是一场表演。（这场表演跟鼓乐喧天无关，但跟领袖构建和维护的氛围息息相关。）

6. "卓越的会议"并非一种矛盾修辞法。（真真切切！）

注意：居家办公/Zoom 打乱了一切。您应该把学习—练习（以及反复练习）作为使您的虚拟会议卓越的方式。它不会一夜成真。但是，我已经亲眼见过虚拟会议是可以实现卓越的！

不要因为该学习进程的坎坷对自己严加苛责，因为我们正在开发一种人类互动的全新方式。这是一个艰巨的任务，"一夜成真"不太可能。

任务清单

56 您为下一次会议所做的准备工作处于哪种水平呢？（如果您"就是没那个时间……"，那就取消这场可恶的会议吧。最重要的规则：不做好充分准备就不开会。）

14.57

最重要的领导规则：
将80%的时间用在
聘用、培养盟友和追求小胜上

聘用和培养盟友的铁律

失败者……把目光都放在（把过多时间都浪费在）敌人身上。

赢家……把目光都放在盟友身上。

失败者……把目光都放在"消除障碍"上。

赢家……会绕过障碍，把目光都放在不显眼的地方，致力于跟新的盟友一起获得"小胜"，因为这些盟友正是"新方式"的积极榜样。

失败者……四处树敌。

赢家……广交朋友。

失败者……巴结上司。

赢家……讨好下属，与完成实际工作的朋友/盟友打成一片。

失败者……只看消极的一面。

赢家……只看积极的一面。

失败者……格格不入。

赢家……通过盟友完成工作（把99%的功劳归于盟

友），自己大多隐身。

失败者……青睐强力，嗜血。

赢家……悄悄地跟着那些与盟友观点不一的人，一点点收集渺小的胜利成果。

结论：

盟友。

盟友。盟友。

更多的盟友。

个人经历：我在麦肯锡公司发起的那个项目促成了《追求卓越》一书的写作，但该项目直接违背了麦肯锡的核心信念（策略优先，人、文化远在其后）。因而，在这家颇为自大的公司眼中，我的"敌人"都是其"得力选手"，而我绝非一名得力选手。我最终的获胜策略是尽可能忘掉那些坏家伙和大人物，招揽来自各个角落的各种盟友。秉持着这一精神，在我参与该项目的整整四年中，招聘和发展盟友占用了我的大部分时间。

任务清单

57 就您目前着手的项目而言，您上周收获了哪些新的支持者呢？（请不要敷衍回答。）"没时间，我正忙这个项目呢。"错！"忙项目" = 招揽新盟友及维护旧盟友。盟友就是您的命。

14.58

最得力的手段:
"讨好下属以求成功"

"他(主角)早已变成了该局(联邦调查局)下属眼中的传奇人物。"

——乔治·克莱尔(George Crile),《查理·威尔逊的战争》(*Charlie Wilson's War*)

成功与卓越执行的可能性跟您在组织中所处等级"以下"的两三个(或四个)等级的人脉的宽度和深度成正比。为组织完成真正具体工作的(往往不受重视的)人都在"下面"。他们不显山露水但至关重要。他们值得您拿出大量时间和精力并加以呵护。

这一点值得跟其他有关快速搞定领导术的理念区分开来并予以特别关注:

官僚们喜欢的是"巴结上司"。

赢家/做事的人喜欢的是"讨好下属"。

意外收获:跟"下面"那些做实事的人打成一片远比把时间花在巴结上司上面让人舒服!

任务清单

58 　实施您的（孤注一掷的）项目可能需要三四个部门的支持。您在这些部门的"锅炉房"中的人脉如何？请不要马虎回答。

14.59

领导是真正最伟大的演员

"一切都是表演!"

——大卫·达力桑德罗（David D'Alessandro），《职场战争》(*Career Warfare*)

"这是当时在场的所有人都难忘的一幕。华盛顿的表演完美无瑕。一位领袖只进入角色是不够的；按华盛顿的原则来说，他必须知道如何带着自制和严谨进行表演。后来，约翰·亚当斯称赞华盛顿是'那个年代的一位伟大演员'。"

——大卫·麦卡洛（David McCullough），1776 年

当以社会下层为主的大陆军在波士顿面临最严峻局面时，华盛顿通过某种刻意的举止、某种精心安排的画面（使他的总部看起来非常宏伟，他的军队看起来兵强马壮、装备精良）说服了英国，让人以为大陆军是一支值得尊重的、不可战胜的军队。

任务清单

59.1 也许"演技"看上去跟商业关联不大，更不用说（华盛顿）赢得一场战争了。但是，事实上它的确关乎商业。也许您"只是"一个底层的老板。是

的，为您工作的人都在对您虎视眈眈。南希（或者杰弗里）今天情绪好不好？如此等等。您今天所表现出的态度比所谓的"事情"更能影响您的"搞定"能力。尤其要注意您的情绪变化！供您参考："演技"意味着您要知道自己"在台上"正给他人留下某种印象。我所说的并非提高嗓门或胡乱挥舞您的双手。可以说，"无言的演技"比大声的表演更为有力。试看下文。

领导＝表演
拿出热情
身体语言令人震惊的力量

"我是一位热情的传播者。"

——本·赞德（Ben Zander），交响乐团指挥、管理大师

乐谱是同一个乐谱，而表演的质量基本上取决于指挥者传递出的精力、热情和爱。对所有组织来说，情况也是如此。再说一次：热情并不等同于嗓门高！

领袖是演员。

所有领袖都是演员。

所有领袖一直都是演员。

没有其他选择。

永远下不了台。

请准备好。

"相关研究表明，关于他人对您所说内容的看法，您的音高、

音量和语速的影响是话语实际内容影响的 5 倍。"

——德博拉·格林菲尔德（Deborah Gruenfeld）教授，《为领导和团队准备的行为课》，《斯坦福大学商业杂志》（*Stanford Business*）

5 倍!

任务清单

59.2 立即重读一下上述引言，您大概需要重读 5 遍。慢慢读，细细品味。身体语言 VS. 实际内容：5∶1。您是一位领袖。您必须清楚自己的身体语言的表现如何。或许，您在学校从未学习过这一点，除非您学的是戏剧专业。（是的，我再说一遍，我们的公司需要更多戏剧专业毕业的人。）因此，请自学一下身体语言吧。要有自我认知。找一个密友给您反馈一下。别忘了：5∶1。这……事关重大！

任务清单

59.3 在居家办公或使用 Zoom 办公的情形下，"注意您的身体语言"这一格言似乎毫无用处。并非如此！尽管情况不同，不过它同样重要。您可能用不到手臂或腿，但您的面部表情比以往更为重要。在这方面努力吧！

14.60

热爱领导

他说我有关领导术的夸夸其谈中漏掉了一些东西……"汤姆，演讲不错，不过你漏掉了最重要的东西……领袖喜欢领导！"

此前我刚在都柏林做了一场名为"领导术 50 策"的演讲，内容讲的是有效领导术的 50 个特征。此后，过了很久，一个相当大的营销服务公司的总经理做出了上述评论。

如今，回想起来，我同意他说的恰到好处。简单来说：有些人因为人或政治难题"兴奋不已"，利用位于有效领导核心的人事内在的紊乱而飞黄腾达。

有些人则不同。

领导术与众不同。

即便经过全面研究和训练，您也未必能够驾驭它。

请好好考虑一下。

这适用于 4 人团队项目领袖为时 4 周的项目，也适用于某个"大"项目。

恐怕"领导之位，要么热爱它要么离开它"是一种相当精确的总结。

任务清单

60   考虑一下。想想领导到底是什么意思、作为领导的您必须关心些什么。您真的喜欢跟他人一起共事，因为他人的古怪之处而"兴奋不已"还是他们让您常常苦恼？我并非逼着您做出一个"是"或"不是"的决定。我只是希望您能进行一番自我反思。请记住我那位都柏林的朋友说过的话：热爱领导是当务之急，事实上，热爱是有效领导最大的当务之急。他的话很有道理。

14.61

领导必须有
（大量）计划外时间

"不要总是忙忙碌碌，空出一些时间来，专注于真正重要的事情。直白地说：所有领袖都应该定期把自己相当多的时间（我觉得最多可以达到一半）空出来……

只有当您的日程表上有大量'空缺'——计划外时间的时候，您才有空间反思自己正在做的事情、从自己的经历中吸取教训，以及从自己不可避免的错误中恢复过来。"

——多夫·弗罗曼（Dov Frohman），英特尔巨星，《领导力教不会但学得会》（*Leadership the Hard Way：Why Leadership Can't Be Taught and How You Can Learn It Anyway*）

在我看来，其要点在于：有效领导是经过深思熟虑的领导。一般来说，如果日程排得过满，深思熟虑根本无从谈起。那种使卓越领导和有效文化与众不同的关爱和呵护小动作同样如此。

与此相关的表述见弗兰克·帕特诺伊（Frank Partnoy）的《慢决策：如何在极速时代掌握慢思考的力量》（*Wait：The Art and Science of Delay*）：

"对于延迟作用的思考是人类一个深刻的、必不可少的组成部分……我们用来反思自己有关决定的时间定义了我们是谁。

人生也许是一场跟时间的竞赛，但是，当我们超越本能，主动驻足处理、了解自己正在做的事情及其原因时，我们的人生就变得丰富了起来。"

是的，这是一本专门讨论"等待"的书。这事儿很新鲜，而且就我看来，该书称得上"深刻"二字。请注意，以上引言出自大名鼎鼎的弗罗曼和帕特诺伊！

任务清单

61 那么，您能拿出 50% 的计划外时间吗？也许不能——但您至少能在原来的 10%（或更少）的基础上有所增加，比如，增加到 20%。本书中比本任务清单更重要的任务清单寥寥无几。

14.62

领导必须阅读，阅读，再阅读

"在我一生中，我从未遇到过从不读书的聪明人——一个也没有，零个。沃伦的阅读量之大可能让您感到非常惊讶——我的阅读量也同样如此。"

——查理·芒格（Charlie Munger）（伯克希尔·哈撒韦公司的副主席/沃伦·巴菲特的黄金搭档），《穷查理宝典：查理·芒格智慧箴言录》（*Poor Charlie's Almanack：The Wit and Wisdom of Charles T. Munger*）

"如果非让我说首席执行官们做得最失败的事情是什么，那就是他们的阅读量不够多。"

——世界上最大的投资公司的联合创始人跟我的对话

最失败的事情……让人意外，"让我大吃一惊"，您怎么看？

请不要轻易翻过去这一页。

请进行认真思考。

再说一遍：首席执行官们最失败的事情。

阅读，阅读，再阅读……

任务清单

62

阅读规则：

宽度！宽度！宽度！这主要是为了打开您的思路、拓宽您的知识面。创新是阅读宽度的一个副产品。在这一点上，广泛阅读的效果是深度阅读的 10 倍。其中，从您完全陌生的舞台上汲取想法并将其融入您感兴趣的领域是关键所在。（这并非一种机械的行为，我所说的是在您应对棘手问题时悄悄萌生的无意识的新关联。）

阅读虚构类作品。虚构类作品写的都是人，以及人与人之间的关系。这些点点滴滴能够拓展您的思维，使其以意识不到但极具价值、富有成果的方式漫游。

潜意识的影响。您的思维得到了拓宽。您在阅读中遇到的新事物会以某种方式偷偷进入您的生活方式之中并影响您真实的长期战略行为。

在您的专业领域，您应当比那些家伙多读些书。您对自己做的很多事情的了解从来没有您所认为的那么多。（对我来说这是一件非做不可的事情。我的阅读量始终在同行当中名列前茅，每次一口气就能读完一本书。）

2021 年的获胜策略：集中精力长期学习。

如果您是老板，时不时问问玛利亚或杰克逊："最近读过什么有趣的东西？我是不是也该读一下？"

如果您是老板，考虑一下加入某个读书俱乐部，最好是某个您和您的团队成员都不太了解其话题的俱乐部——这样做完全是为了您的思维（我再说一次）及拓宽您的视野。

在阅读、研究和学习方面，您应当立志让您的团队成为"行业翘楚"。

14.63

最重要的领导技能与核心价值：
"积极"倾听╱"强力"倾听

"我在领导术方面接受的教育始于华盛顿，当时我是国防部长威廉·佩里的助手。各国国家元首……以及我们自己的国家元首和盟军都很喜欢和崇拜他。在很大程度上，其原因在于他的倾听方式。任何人跟他对话时，他都会全神贯注。在他面前，所有人都如沐春风，因为他非常尊重对方。我意识到自己也希望以同样的方式去影响他人。

佩里成了我的榜样，不过这还不够。

一定会发生更大的事情，结果的确发生了更大的事情。意识到自己常常假装倾听他人后，我感到非常痛苦。很多很多次，当某个下属走进我的办公室时，我甚至都懒得抬头看一眼……

我信誓旦旦要把跟本福德号（当时阿伯拉肖夫是美国本福德号导弹驱逐舰上的舰长）上所有人的每次照面当作当时最重要的事情……我下定决心要做到积极倾听。"

——迈克尔·阿伯拉肖夫（Mike Abrashoff），《这是你的船》（*It's Your Ship*：*Management Techniques from the Best Damn Ship in the Navy*）

关键词："积极"——倾听不是一种被动行动！

"这种看似微不足道的小事——即便在跟他人简短对话时也能集中注意力、认真提问、认真倾听——能够引起如此全身心的回应，这太奇妙了。"

——苏珊·斯科特（Susan Scott），《非常对话：化解高难度谈话的七大要诀》（*Fierce Conversations：Achieving Success at Work and in Life，One Conversation at a Time*）

关键词："激烈"。再说一次：倾听并非一种被动行动！

"我跟格莱斯顿坐在一起吃过饭，离开餐厅时我觉得他是英格兰最聪明的人。我也曾和迪斯累利坐在一起吃过饭，离开餐厅时我觉得自己是最聪明的女人！"

——珍妮·杰罗姆（Jennie Jerome），温斯顿·丘吉尔的母亲

任务清单

63.1 想想把"积极"和"强力"两个词放在"倾听"前面会怎样。倾听对方时"全神贯注"（毫不懈怠）可作为一个开端。不过，"积极"倾听或"强力"倾听会转化成什么呢？下次跟他人在一起，对方开始讲话时，在大脑中想一想"积极"和"强力"这两个词。

耳朵的力量

"说服别人最好的方式是靠您的耳朵，靠倾听他们。"

——前美国国务卿迪安·拉斯克（Dean Rusk）

个人观点：这句话应该印在 T 恤衫上、每个老板的办公桌后面的海报上！

布兰森：倾听无与伦比的重要性

理查德·布兰森（Richard Branson）的著作《维珍之道：倾听、学习、欢笑和领导的方式》（*The Virgin Way: How to Listen, Learn, Laugh, and Lead*）近乎三分之一的篇幅、整个"第一部分"、100 多页写的都是倾听本身。

本书金句："所有这 8 个领导特质的秘密就在于领袖倾听能力至关重要性。"

我从未听过任何一句能与此相媲美的话。

卓越的倾听（或毫无卓越可言）

医生、哈佛医学院教授杰尔姆·格里普曼（Jerome Groopman）著有《医生最想让你读的书》（*How Doctors Think*）一书。他声称收集有用信息、有效应对病人的健康问题的秘密就在于让病人慢慢描述一下自己的问题。不过，通过援引非常有力的研究，格里普曼也描绘了一幅让人非常遗憾的图景。

普通医生每 18 秒就会……干扰病人一次。

18 秒！

亲爱的读者，请您斟酌……

任务清单

63.2

在您（老板/领袖）的世界里，您是一个"每
18 秒就对别人横加干涉的人"吗？（认真地、定期
反思一下。您的自我认知有可能大错特错。）

如果您是一个每 18 秒就对别人横加干涉的人：

开始努力吧（艰难的努力）。

反思至关重要。

开始时间：现在!

倾听

痴迷倾听是：

……尊重的最终标志。

……投入和体贴的灵魂。

……协作、伙伴关系和社区的基础。

……一种可培养的个人技能。（虽然女性天生比男性更擅
长这一点。）

……有效跨部门沟通的核心。（因而也可以说它是组织效
能最重要的特质。）

……成功销售的关键。

……维持客户业务的关键。

……令人难忘的服务的关键。

……采纳不同观点的核心。

……能带来盈利。（来自倾听的"投资回报率"要比任何
其他一种活动都高! ）

……支撑真正卓越承诺的基石。

该列表没有一点点夸大之辞。

善于倾听者的规则

善于倾听者完全为既定对话而存在。在对话的这些时间（5分钟、10分钟、30分钟）内，这个世界上的其他东西都不重要了。

再次借用一下苏珊·斯科特的话：成功的倾听 = 全神贯注。

善于倾听者会给对方时间……不加干涉……慢慢讲清楚。（当有人……开口前沉思时……做出了10~20秒尴尬的停顿或45秒的停顿时，您都不应该加以干涉。切记！）

善于倾听者不会接对方的话茬。

善于倾听者会让自己隐身；让回应者成为焦点。

善于倾听者在倾听时哪怕接到老板的电话也不会接听。

善于倾听者会（详细）做笔记。

善于倾听者会在一两个小时后打电话（比电子邮件强……可恶）感谢对方。

善于倾听者会在第二天打电话并做一番后续询问。

善于倾听者不会目空一切地空谈！

自明之理：如果进行了一场认真对话后您还有力气，那就意味着您没有认真倾听。

任务清单

63.3

就像您的职业生涯都取决于这些规则那样去应用这些规则。

的确如此！

汤姆/本人对读者说："您以何为生？"

读者："倾听"。

汤姆："太棒了。"

卓越的倾听

值得推荐的最重要核心价值："我们是有效倾听者。"我们将卓越的倾听作为尊重、投入、社区/顾客关联和成长的核心。

任务清单

63.4

请将倾听作为自己的最重要核心价值。

有关倾听的最后一句话

"绝对不要错过保持沉默的良机。"

——威尔·罗杰斯（Will Rogers）

任务清单

63.5

绝对不要错过保持沉默的良机。

14.64

速度陷阱/放慢速度

传言："现在是一个疯狂的时代/每日必'乱'。

喘息，喘息，不停地喘息。

速度是个人成功的关键。

速度是企业成功的关键。

速度，速度，更快的速度……"

那么，速度就是21世纪20年代所有美好事物的关键吗？

稍等……

以下是支撑个人与组织成功及卓越的部分战略活动，这些东西不可能一蹴而就：

建立/维护关系……需要（非常……非常多的）时间。

招揽盟友加入您的事业……需要（很多）时间。

打造/维护高效能的文化……需要（很多）时间。

阅读/学习……需要（很多）时间。

强力/积极倾听……需要（很多）时间。

走动管理……需要（很多）时间。

放缓您的日程……需要（很多）时间。

招聘/评估/晋升……需要（很多）时间。

体贴/大量出于本能的细微表现（小胜于大）……需要（很多）时间。

极限人本主义/情感联结设计……需要（很多）时间。

您下一封卓越的电子邮件……应该需要（很多）时间。

卓越……需要（很多）时间。

任务清单

64 "底线"：罗马不是一天建成的，卓越的企业也不是一天建成的。慢慢来。

14.65

"安静的力量"：
雇用安静的人/
晋升安静的人/
大嗓门并非最有创意的人/
大嗓门并非最佳领袖

来自《内向性格的竞争力：发挥你的本来优势》（ *Quiet: The Power of Introverts in a World That Can't Stop Talking* ），苏珊·凯恩（Susan Cain）著：

1.（问题非常严重的）**外向理想型**："很多研究都记录过外向理想型……举例来说，健谈的人被认为是更聪明、更好看、更有意思、更适合当朋友的人。语速和音量同样重要：我们标榜语速快的人比语速慢的人更能干、更可爱……但是，不动脑子就接受这一外向者理想，我们就犯了一个大错。"

2.**对话配对试验**："内向者和外向者的参与程度大致相当，这一事实揭穿了内向者说话少这一谎言。不过，内向的两个对话者往往专注于一两个严肃的议题，而外向的两个对话者更为放松，会涉猎范围更广的议题。"

3.**魄力的局限**："还要记住这一新的群体思维的危险性。如果您追求创新，让您的雇员先独自解决问题再让他们交流彼此的想法……不要错把魄力或风度当作好主意。如果您的员工非常积极（我希望如此），请记住他们跟着某个内向型领导的表现可能比跟着某个外向型或魅力型领导更出色。"

4. 安静的力量："下次您遇到一个神态淡定、声音柔和的人的时候，请记住她可能正在心里解决某个方程式、写一首 14 行诗或设计一顶帽子。也就是说，她可能正在发挥安静的力量。"

我对凯恩女士大作的看法："我们"（领袖）对近乎一半的人口一向视若无睹——这些人往往比他们那些大嗓门的同辈更体贴他人。研究表明，他们还是更好的领袖。释放"安静的力量"是一个重大战略机遇（GSO）。

关于吵闹/安静这一议题，我想到了彼得·德鲁克（Peter Drucker）对"魅力"的深度怀疑。他直言魅力无助于有效的组织领导，并指出那些造成最大伤害的政治领导人几乎总是"魅力十足"的人。

任务清单

65

1. 慢慢读一下《内向性格的竞争力：发挥你的本来优势》这本书，并加以反思。拜托！

2. 从今天开始，竭尽全力将某种有意识的"安静偏见"注入您的所有行动，尤其是您的聘用和晋升决定。

3. 按照凯恩女士的说法行事会让我们违背自己的本能，这意味着您不得不拼命工作以克服您的偏见。当然，好消息是：回报丰厚。

（供您参考：我认为，《内向性格的竞争力：发挥你的本来优势》一书是 21 世纪以来最优秀的商业书籍。我们谈的正是针对几乎一半人口的内在偏见。事实上，一旦有机会，这一半不受人待见的人口会比那一半吵吵闹闹的同辈表现更好！）

14.66

积极对消极，30∶1！
认可＝最强大的领导手段

"在造就团队的高效方面，积极关注要比消极关注强大30倍。因此，虽然我们可能偶尔不得不帮助人们在某方面变得更好，如果关注人们所不能之事是我们作为团队领导的默认使命，如果我们所有的努力都聚焦于更频繁、更有效地发出或接收到消极的反馈，那么我们就会面临巨大的失败的可能性。人们不需要反馈，人们需要的是关注，而且是对他们做得最好的事情的关注。当我们关注他们时，他们变得更加敬业，因而也更富有成效。"

——马库斯·白金汉（Marcus Buckingham）和阿什利·古道尔（Ashley Goodall），《关于关注的九个谎言：自由思维领袖的真实世界指南》（*Nine Lies About Work：A Freethinking Leader's Guide to the Real World*），第五章，《第五个谎言：人们需要反馈》

重读一遍该引言。然后再一遍遍重读，要读30遍！为什么很少有人能获得积极关注/反馈的强大力量？对此我一直困惑不已。我还想说，10个老板中有9.86个老板的消极反馈都做得笨手笨脚且极具破坏性。我还想进一步指出，该书的作者是两位非常执着、谨慎、终生不懈的量化研究人士；他们非常值得信赖——此处不存在含糊的空间。

"人性中最深刻的本能就是对欣赏的渴望。"

——威廉·詹姆斯（William James），哲学家

非常刺耳的语言！ 说得非常有道理！

"世上最强大的两样东西：好听的话和体贴的姿态。"

——肯·兰贡（Ken Langone），家得宝联合创始人

"不看重自己的人很少能做出什么重大贡献。"

——马克·桑布恩（Mark Sanborn），作家、销售大师

重复性引言。我这样做的原因在于挫折感——一向无力传递这一信息（再说一次，这并非什么高深的东西）而带来的挫折感。

任务清单

66.1

积极。

积极。

积极。

（立即。）

积极。

积极。

积极。

积极。

（切记！）

"领导术跟您带给人们的感受有关——跟您、你们正一起从事的项目或工作，尤其是他们自己有关。"

——蓓西·迈尔斯（Betsy Myers），《独领风骚：如何造就最

好的自己和他人》（*Take the Lead：Motivate，Inspire，and Bring Out
the Best in Yourself and Everyone Around You*）

你怎么看（WDYT）？

"你怎么看?"

——戴夫·惠勒（Dave Wheeler），组织效能专家，他认为
WDYT是"领袖词汇表中最重要的四个单词"

我不仅完全认同惠勒先生的看法，而且我也建议您每天如
实计算一下您每天说出"WDYT"的次数。

至少，这会提醒您这四个重要单词的重要性。

任务清单

66.2 数一数您说出的"WDYT"的次数。从今天开
始……

"在新年的第一个星期，我给60名首席执行官打了电话，祝
他们新年快乐。"

——汉克·保尔森（Hank Paulson），高盛集团前首席执行
官、美国前财政部长

从1973年开始，我每年也会做一模一样的事情。每年圣
诞节、新年期间，我一定会打25～50个电话，告诉对方"我
非常感激过去一年中您对我的支持"。我收到的积极反馈令
人非常震惊，当然，这证实了这一做法非常罕见，同时也证
实了这一做法非常有力。（这是一年一次的大戏。我非常享
受！）

任务清单

66.3　　以某种方式试一下这一做法。这很有用！（这也是一件让双方都高兴的事情。）

我有关"这一切"的"底线"：

"认可"也许是英语中最强大的一个单词——在任何语言中都是如此。

挫折警报。我真的无计可施了。诱导人们"积极起来"这件事究竟为什么这么难？

说好话会让您显得"软弱"吗？人们真的需要"直来直去"（冷冰冰的消极反馈）才能有更好的表现吗？

我就是不明白！

14.67

谢谢："30000 规则"

"信不信由您，过去十年中我大概给从维修人员到高级主管在内的员工手写了 30000 份感谢信。"

——道格拉斯·柯南特（Douglas Conant），《积极反馈的秘密》，《哈佛商业评论》（*Harvard Business Review*）

那大致相当于……十年来……每个工作日手写 11 封感谢信。这真的令人难以置信！

"谢谢"的力量？无穷无尽。

是的，无穷无尽。

谢谢："小"胜于"大"
再说一次——这是一个永恒的主题

并非达成了价值百万美元销售后的"谢谢"才重要。有些事情注定会发生，请不吝赞美！按肯·布兰查德（Ken Blanchard）的说法，它意味着您"注意到了某人正在做正确的事情（小事情）"。

对于被感谢的人来说，这一对于"小事"自发的赞赏比一些更大的东西具有更大更深远的影响力。它意味着作为领袖的您注意到了这一微不足道的行动。按先前的引言的说法，您使被感谢的人觉得自己很重要。

重要 = 强大的动力。

任务清单

67   过去 4 个小时中……您进行了多少次小小的
"感谢"？（这是一个非常严肃的问题。）

14.68

道歉有用：
神奇的"三分钟电话"/
道歉能带来回报

"在我看来，道歉是人类能做出的最神奇、最治愈、最具有修复能力的事情。在我和那些锐意进取的主管们的工作中，这是一个核心问题。"

——马歇尔·古德史密斯（Marshall Goldsmith），《管理中的魔鬼细节》（*What Got You Here Won't Get You There：How Successful People Become Even More Successful*）

重读一遍该引言。认真体会道歉这一"核心"词汇并进行反思。这是一个强大且无处不在的单词！将道歉作为主管培训的"核心"，这让我感到非常惊讶，而且，其发起者马歇尔·古德史密斯的权威性无可置疑。

道歉铁律
"三分钟规则"

道歉铁律：在即将违约的几分钟或几小时内，三分钟的顺便拜访或打个电话道个歉本来能够阻止一场大惨败（例如，价值 10 亿美元的销售损失）。

现在就道歉。

现在。

就是现在。

道歉能带来回报/财富

道歉能带来回报/财富。

——约翰·卡尔多（John Kador），《有效道歉》（*Effective Apology*）

是的。一整本书都在写道歉！信息：在学习道歉等极重要的"软"议题方面，人们应该做一名实实在在的学生。

以下内容出自该书：

1. "想一下托罗（Toro）这家割草机及吹雪机生产公司。托罗公司换了一种更为缓和的方法，即无论谁对谁错公司要先道歉。自 1994 年（截至 2009 年）以来，这家公司没打过一场官司，将结清债务的平均成本从 1991 年的 11.5 万美元降到了 2008 年的 3.5 万美元。"

2. "如今，越来越多的医生和医院意识到，协调的信息披露和道歉能极大地减少医疗纠纷。2000 年，美国医院平均的不当治疗裁决金额高达 41.3 万美元，而采用该信息披露和道歉方法后，莱克星顿的平均支付金额仅为 3.6 万美元。"

任务清单

68 读一下卡尔多先生的大作。没错，认真学习道歉和道歉的力量。把它当作一种企业文化特征跟同事进行探讨。让及时道歉成为组织人格中被广为接受的一部分。

14.69

自我认知，
最重要的领袖区分器

"上级领导的与众不同之处就在于他们了解您，也了解您对周围人的影响。"

——辛迪·米勒（Cindy Miller）和伊迪·西肖尔（Edie Seashore），《掌握突破时刻》，《战略与经营》（*Strategy + Business*）

在组织发展界，伊迪·西肖尔认识的同辈寥寥无几。米勒、西肖尔两个人的这一主张非常强烈：他们认为，就高效领导而言，自我认知是最主要的区别之处。不过他们绝非唯一具有这一想法的人。可以说，大部分顶级领导术专家都会使用同样强烈或者近乎同样强烈的说法；也就是说，自我认知是最大的领导优势。拜托。

"想帮他人发展，从自己做起。"

——马歇尔·古德史密斯（Marshall Goldsmith）

"先用在我身上。"

——科里·帕特森（Kerry Patterson）、约瑟夫·格雷尼（Joseph Grenny）、罗恩·麦克米兰（Ron McMillan）和艾尔·史威茨勒（Al Switzler），《关键对话：如何高效能沟通》（*Crucial*

Conversations：*Tools for Talking When Stakes are High*）

"领导术就是自我认知。成功的领袖是那些注意自己的行为及其对他人影响的人。他们乐于审视自己哪些行为可能妨碍自己。最难领导的人就是您自己。能领导自己才能有效领导他人。"

——蓓西·迈尔斯（Betsy Myers），《独领风骚：如何造就最好的自己和他人》（*Take the Lead*：*Motivate*，*Inspire*，*and Bring Out the Best in Yourself and Everyone Around*）

"像＿＿＿＿（作者未提供姓名）一样的高层领导怎么能如此不了解真实的自己呢？这一现象要比您想象的更为常见。事实上，一个领导爬得越高，他的自我评估可能越不准确。问题在于他们获得的（尤其是有关人的问题的）反馈严重缺乏。"

——丹尼尔·戈尔曼（Daniel Goleman）等，《高情商领导》（*Primal Leadership*：*Unleashing the Power of Emotional Intelligence*）

丹尼尔·戈尔曼的这一引言符合大量有关领导错觉的研究结论。在某个量化研究中，研究者非常仔细地计算了通常开会期间某位领导干扰他人的次数及该领导被打扰的次数。您可以想象其结果：该领导觉得自己很少干扰他人但经常被人干扰。然而，数据呈现出了令人忍俊不禁的相反结果。

任务清单

69

几乎可以肯定，您的自我认知是错误的。（这种认知彻头彻尾地错了，一位在智识和分析方面都无比优异的好友，在理解他人对自己的看法方面变成了一个傻瓜。）找一位值得信任的同事帮帮您，或者，如果可能，找一位高管教练帮帮您。但是，无论如何找人好好听听您的自我认知，然后采取相应行动。如果可能，让那位教练帮帮您。这显然是一件在您日程表上今天就应该开始着手的最紧迫之事。

领导/自我管理大师

"有三件事物极其坚硬（或困难）：钢铁、钻石和自我认知。"

——本·富兰克林（Ben Franklin）

"我可能遇到的最大问题：对于戴尔·卡耐基的管理。"

——戴尔·卡耐基（Dale Carnegie）

14.70

领导/14 = 14：
14 个人 = 14 种极其不同的沟通策略

"沟通的最大敌人就是对沟通的错觉。"

——威廉·怀特（William H. Whyte），《有人在听吗？》，《财富》（*Fortune*）

如果您有一个由 14 个人组成的团队，您如何跟他们进行"沟通"？

忘掉"他们"。

考虑一下："阿斯玛""伊凡""杰克"……

14 个人/团队成员意味着 14 种非常不同的沟通/激励/领导策略。

没有两个人很像。

甚至没有两个人近乎相像。

没有哪个人到了周四还跟周一时一模一样。

14 个人 = 14 种极其不同的领导策略。

就是如此。

（请永远记住这一点！）

任务清单

70

您相信这一说法吗?(天啊,我希望如此?这是一个非常重要的问题。)那么……您有没有针对每一个给您汇报团队情况的人精心设计沟通策略?(注意:假定您是一个只存在 10 个星期的团队的项目经理。相比对于某个长期团队的重要性,这一"经过个性化设计的沟通策略"对于短期团队要重要 10 倍。也就是说,如果团队只存在 10 个星期,那就没什么犯错的空间。)

14.71

一种善良的文化

"人类生活中有三件重要的东西。第一件就是善良。第二件也是善良。第三件还是善良。"

——亨利·詹姆斯（Henry James）

"善良是免费的"

"人们有一种误解，认为支持性的互动需要更多人力或更多时间，因而成本也更高。虽然领导力成本在任何医院的预算中都占很大的一部分，但更多个性化互动本身不会让预算增加。倾听病人的声音或回答他们的问题不需要花钱。人们可能会反驳说消极互动——疏远病人、不为他们的需求发声、限制他们的掌控感的成本可能非常高……愤怒、沮丧或吓坏的病人可能很好斗、沉默寡言、不愿配合，与最初就以积极的方式跟他们互动相比，需要花更多时间和他们沟通。"

——乔安妮·L.厄普（JoAnne L. Earp）、伊丽莎白·A.弗伦奇（Elizabeth A. French），梅丽莎·B.基尔凯（Melissa B. Gilkey），《关爱病人，提升医疗质量：实现以病人为中心关爱的策略》（*Patient Advocacy for Health Care Quality：Strategies for Achieving Patient-Centered Care*）

善良：40 秒规则
（或者 38 秒？）

出自斯蒂芬·特拉齐亚科（Stephen Treciak，医学博士）和安东尼·马扎雷利（Anthony Mazzarelli，医学博士）的著作《同情心经济学："关爱会带来改变"的革命性科学依据》（*Compassionomics：The Revolutionary Scientific Evidence That Caring Makes a Difference*）：

在约翰·霍普金斯大学对癌症病人进行的随机控制试验中，研究人士发现只需 40 秒的同情就能切实减少病人的焦虑和恐惧。

此外，在荷兰卫生服务研究所对癌症确诊过程中的同情和缺乏同情进行的两项研究中，研究人士发现，只要花上 38 秒以富有同情心的方式传达这一消息，就能让病人的焦虑水平和接收更多信息的能力发生"重大的、可衡量的"变化，治疗依从也可以大大改善。尽管医生经常说没时间表达同情心，但上述研究及其他研究都暗示了非常不同的结论。

任务清单

71.1 您呢？您有 40 秒的时间吗？或者，您能拿出 38 秒的时间吗？也就是说，您有展现善良的时间吗？无论极端医疗状况下的善良还是日常工作中的善良，其成果可能非常惊人。

善良＝回头客＝利润

这一有关领导术的部分存在一个（大）问题。此类理念——道歉、"谢谢"、善良等——很少能发挥作用，除非该领袖具有同情心、体贴且审慎，即真正在乎他人。（顺便敬告读者，本书还提出高情商是最重要的聘用要求。）可以说，这些"策略"能否发挥作用完全取决于领袖的性格。

任务清单

71.2　我不太确定如何为"善良"制定一份"任务清单"。劝人"与人为善"并不太实用。因此，我们换个说法：这关乎您是怎样的一个人、您希望建立怎样的一个组织（或项目团队），以及您希望留下怎样的遗产。善良确实能带来回头客和回报（善良＝回头客＝利润）。因此，我的"任务清单"就是恳求您反思您是哪种人，以及您希望留下怎样的印记。

阅读！学习！修养！善良！

《领导术中的善良》（*Kindness in Leadership*），盖伊·哈斯金斯（Gay Haskins）、迈克·托马斯（Mike Thomas）和拉利特·约里（Lalit Johri）著。

《经理的礼仪书：小举动如何造就伟大公司》（*The Manager's Book of Decencies：How Small Gestures Build Great Companies*），斯蒂夫·哈里森（Steve Harrison），德科公司。

《职场礼仪 2.0：提升人际交往能力的技巧》（*Mastering Civility: A Manifesto for the Workplace*），克里斯汀·波拉斯（Christine Porath）著。

《善良的力量：如何用善良征服商界》（*The Power of Nice: How to Conquer the Business World with Kindness*），琳达·卡普兰·泰勒（Linda Kaplan Thaler）和罗宾·科瓦尔（Robin Koval）著。

《友者生存：与人为善的进化力量》（*Survival of the Friendliest: Understanding Our Origins and Rediscovering Our Humanity*），布莱恩·黑尔（Brian Hare）和瓦妮莎·伍兹（Vanessa Woods）著。

14.72

风度

为了庆祝我的 60 岁生日，我写了一本叫作《六十》的书。含义：60 件我真正在乎的东西。从字面上来说，我的最后一本书（第 60 本书）意义重大。不过，它只包括一个单词：风度。

进行评论之前我先引用了著名设计师西莱斯特·库珀（Celeste Cooper）的一句话：

"我最喜欢的单词是风度（grace），如'奇妙的恩典'（amazing grace）、'可取之处'（saving grace）、电影 *Grace Under Fire*、'格蕾丝·凯丽'（Grace Kelly）等。我们的生活方式有助于美的降临——无论是我们对待他人的方式还是对待环境的方式。"

罗代尔（Rodale）所编《同义词词典》（*The Synonym Finder*）给出的"风度"一词的相似词包括：优雅、魅力、可爱、善良、仁慈、恩惠、同情心和美。

风度存在于我们做的一切事情之中。我们越忙碌、越烦忧、越麻木，风度越重要。

任务清单

72

优雅

魅力

可爱

善良

仁慈

恩惠

同情心

美

或许您可以把这一清单写在一张卡片上或放在钱包里面。每天拿出来看上一两遍，特别是当您感到不堪重压的时候。读一下，深呼吸。

风度对您有益，对您的团队成员也有益。面对风雨飘摇，面对新冠肺炎疫情带来的混乱，"事事有风度"特别应景也特别强大。风度能让您的客户和您的社区得以充实，让一切"像商业"一样。

14.73

作为"首席文化官"的领袖

"如果我原本可以不正面解决 IBM 的文化问题，或许我就不会那样……我的偏见针对的是策略、分析和衡量……相比之下，改变几十万人的态度和行为是一件非常困难的事情……然而，我逐渐认识到，在我就职 IBM 期间，其文化并非这场游戏的一个方面——它就是整个游戏。"

——郭士纳（Lou Gerstner），拯救 IBM 的巨星，《谁说大象不能跳舞？》（*Who Says Elephants Can't Dance? Inside IBM's Historic Turnaround*）

我在麦肯锡为《追求卓越》一书的写作做研究的时候，郭士纳是我的死对头。或许，他可以称得上"策略优先"理念的最大拥护者。因此，您能想象出当上述引言出现在《谁说大象不能跳舞》一书之中时我得意的笑的样子。

"文化能把策略当早餐吃掉。"

——艾德·舒恩（Ed Schein）

任务清单

73.1 "它就是整个游戏"。供您参考：（好的、不好的、冷漠的）"文化"适用于暂时的工作团队。您在领导……吗？让文化成为您的业务，这就够了。

文化使命

文化优先。

文化极难改变。

文化改变不能/绝不能逃避。

文化维系同文化改变一样困难。

文化改变/文化维系必须成为一种有意识的、永久的个人日程。

"小事物"中的文化改变/文化维系要比大事物中的多得多。

重复一遍。

文化改变/文化维系：

一天。

一个小时。

一次一分钟。

永远，永永远远。

领导/文化维系
小胜于大（一如既往）

"玛丽·安·莫里斯（Mary Ann Morris）在罗切斯特市运营综合服务及梅奥诊所的志愿者项目，她很喜欢谈自己过去在梅奥诊所的日子。当时她在一个实验室工作——这份工作要求她穿白衣、白鞋。早上匆匆忙忙把两个孩子送到学校后，上班时她发现上司盯着她的鞋看。上司注意到她的鞋带穿过鞋眼的地方脏了，要求她清理干净。莫里斯觉得受到了冒犯，她说自己在实验室工作，并不照顾病人，鞋带脏了又有什么关系？她的上司回答说她跟病人具有自己并不清楚的关联——例如，戴着梅奥诊所的工牌走在大街上，或者走过大厅时遇到病人或其家人等——她不能用肮脏的鞋带代表梅奥诊所。'虽然刚开始我觉得自己受到了侵犯，但我渐渐意识到我做的所有事情，包括我的鞋带，都代表了我们对病人和访客的承诺……如今我仍然会用这个脏鞋带的故事为自己和同事应达到怎样的服务水平树立标准。'"

——利奥纳多·贝瑞（Leonard Barry）和肯特·赛尔曼（Kent Seltman），第七章《精心安排质量线索》，《向世界最好的医院学管理》（*Management Lessons from Mayo Clinic*）

任务清单

73.2 "文化狂"（我希望您是其中之一）专注于"小的东西"。一直以来，这一点在您的活动中有何表现？今天呢？（请具体谈谈。）

文化/社区思想

请记住：

"商业的存在是为了改善人类福祉。"

——米哈里·契克森米哈赖，《优秀商业：领导力、流动、创造意义》（*Good Business: Leadership, Flow, and the Making of Meaning*）

商业植根于社区之中。做一名好邻居能为经商者带来利润。

这是人们应该做的事情。

追求极限雇员投入（我们的员工和他们的家人都是社区的组成部分），以及普遍的社区公民支持（该社区的所有成员都是我们公司实实在在的组成部分），是我们应该做的事情。

任务清单

73.3 将社区意识加入您的日程表且让大家都看得到。无论您从事什么工作。请记住前文的一个说法：商业并非社区的"一部分"，商业就是社区本身。（社区意识应该始终位居前列或中心位置。）

14.74

带着卓越进行领导：
21 条被证实的策略

1. "在乎主义"/您必须在乎！

2. 走动管理。（每一天！）

3. Zoom 管理。（每一天！）

4. 会议。会议准备。卓越的会议。

5. 把您 80% 的时间用在聘用、培养盟友和追求小胜上面。

6. 讨好"下属"以求成功。在"锅炉房"寻找力量。

7. 始终是表演！传播热情！

8. 热爱领导。

9. 一半计划外时间。

10. 阅读，阅读，再阅读。

11. 积极倾听/强力倾听＝最重要的核心价值。

12. 速度陷阱。放慢速度。在所有重要的东西（关系、卓越等）身上花（大量）时间。

13. "安静的力量"。聘用和晋升安静的人/内向者＝更好的领导。

14. 积极对消极，30∶1。

15. "谢谢"。最重要的习惯。小胜于大。

16. （迅速/无法抗拒的）道歉有用。道歉有回报。

17. 自我认知——最重要的领导优势（供您参考：您的自我认知很糟糕！）

18. 14 个人 =14 种极其不同的沟通策略。

19. 一种"善良文化"。善良 = 回头客 = 利润。这是绝大部分上述策略的基石。

20. 风度。

21. 作为"首席文化官"的领袖。文化维系 = 全职工作。

议题 **15**

执行摘要

15.75

现在就要实现卓越：
43 件最重要的事

43 年追求卓越之旅。43 个关键理念。43 个挑战。43 个机遇。排名不分先后——每个都是真正"最重要的事"。

最重要的资本投资：培训！培训！培训！是的，这是资本投资，而非"业务支出"。如果您觉得这种说法听起来非常极端，可以问问海军的将军、陆军的将军、消防队长、警察局长、足球教练、箭术教练、剧院导演、核电站站长、急诊室或重症监护室的负责人（或一位演说家——我）怎么看。

最重要的格言：硬（数字/计划/公司结构）即软（抽象、易于操纵）。软（人/关系/文化）即硬（基石、坚持到底）。我过去 43 年的存在理由就在于这 6 个字。

最重要的戒条：卓越并非某种"抱负"。卓越并非一座"要爬的山"。卓越就在于接下来的五分钟、您下一封电子邮件、下一场（真实或虚拟的）会议、您下次跟某个顾客匆匆的交流。 否则，卓越根本就不可能实现。

最大的困扰："策略是一种商品。执行是一种艺术。"/彼得·德鲁克。"业余人士谈策略。专业人士谈后勤。"/巴罗将军。"不要忘记把浴帘放进浴缸。"/康拉德·希尔顿论"最大的成功秘诀。"往往被想当然地当作枯燥乏味工作的执行实际是"最后的 95%"。

最重要的工作：建立、维系一种真正以人为本的文化。"商业必须能够带来更富足、更有意义的生活……否则，商业就没什么价值。"/理查德·布兰森。"顾客永远不会比您的雇员更幸福。"/约翰·蒂基利斯（客服大师）。对企业的剖析：服务于他人（顾客/社区）的人（基层团队）获得他人（领袖）的服务。黄金标准："E 的立方"（E-cubed）= 极限雇员投入。

最重要的主义："在乎主义"。除非领袖从一开始就"在乎"他人，否则所有有关"以人为本"的说法、建议和戒条都只能是一些拙劣的笑话。正如我随后指出的，在进入领导层（包括小团队项目管理层）的晋升决定中，真真切切关爱人本身显然是最重要的考量。人们必须不辞辛劳地搜集有关领导候选人在乎系数的确凿证据。

最重要的词汇清理任务：将"人力资源"从您的词汇表中永远清除。人们希望工人是火力全开的、致力于成长的贡献者，他们是玛利亚或麦克斯而非无名无姓的"人力资源"（或"资产"）。

最高的召唤：领导 = 人类潜能最大化。除此之外，没有更高的召唤。操作定义：

伟大的经理迫不及待地希望自己团队的每个成员都能成功、成长和发达。"导演的作用在于为演员创造一个空间，让他们超越以往的自我，超越他们梦想过的自我。"/奥斯卡奖获得者罗伯特·奥特曼。

最大的道德责任：千方百计帮工人，包括兼职者，尽可能为这个疯狂的世界做好准备。"商业的存在是为了改善人类福祉。"/米哈里·契克森米哈赖。

最重要的领导团队事宜："麦肯锡公司的研究表明，成功应从晋升女性开始。"/尼古拉斯·克里斯托弗。"在针对 17 项杰出领导力的评分中，女性在其中 12 项的得分都高过男性。"/《哈佛商业评论》。相关文献清晰表明：女性是更好的领袖。毋庸讳言。不许胡闹。让更多女性成为负责人，尤其是进入高层，如经理、主管、董事会等岗位。从现在做起。近期目标：两年后让您董事会中的女性过半。

最重要的企业实力："在一支伟大的军队中，将军的职责就是支持自己的军士。"/陆军上校汤姆·威廉。基层经理极大地推动着所有关键生产率、产品和服务质量、员工保留、员工投入、员工发展和创新变量。因而，这是企业最重要的实力。请据此行动！

最重要的聘用要求："我们只聘用好人。"/生物科技首席执行官，彼得·米勒。"我们希望雇用充满热心和关爱、真正具有利他主义精神的人。我们希望雇用乐天派。"/科琳·巴雷特，西南航空公司前总裁。在所有职位招聘中，首先要雇用具有高情商、同情心和"软技能"的人。谷歌内部员工及团队效能研究表明，以"软技能"为先适用于精妙高深的科技领域，同样也适用于酒店行业！

最重要的晋升要求：领导，尤其是基层领导的甄选是管理层所做的最重要的一类战略决策。德鲁克认为晋升是"生死攸关的决定"。再次重申：高情商/"软技能"才是王道！

最重要的核心价值：卓越的倾听。倾听＝投入。倾听＝尊重。倾听＝学习。倾听＝交易达成。这里说的并非被动倾听，按海军舰长迈克·阿伯拉肖夫的说法，这里说的是"积极倾听"。"说服别人最好的方式是靠您的耳朵，靠倾听他们。"／美国前国务卿迪安·拉斯克。"绝对不要错过保持沉默的良机。"／威尔·罗杰斯。

最重要的心态：卓越的组织首先是充满生机的社区，植根于社区的社区。必不可少的行动：极限社区投入。请深刻反思"社区"这一理念。

最重要的种族平等义务机遇：承认并清除您所在组织中的不平等现象，此类现象百分之百比您想象得多。尽快制订好大胆的后续计划。 所有人都必须参与其中。一方面：在较短时限内组建的执行团队必须能够反映所有人的状况。"我很欣赏您有关黑命贵运动的帖子。现在，请用一张您公司高层管理团队和董事会的照片跟下帖。"／布里克森·戴蒙德（多元化咨询公司一问百答的首席执行官）。

最重要的增值策略、最大的创新点、最重要的人本主义标志、最重要的人工智能驯服者：卓越的设计等于全心全意的极限人本主义、内外产品和服务，它使这个世界更加美好，也让我们非常骄傲。"设计是任何人工产品的根本灵魂。"／史蒂夫·乔布斯。"在某种意义上，我们通过关爱服务于人类。有人可能认为这是一个愚蠢的信念，但这是我们的一个目标——我们希望能对文化做出微薄的贡献。"／乔尼·艾维（苹果公司首席设计师）。行动：让设计意识成为一种生活方式，成为您在任何地方的任何决定的一部分就够了。"只有一个公司的价格最便宜，其他公司都必须依赖设计。"／罗德尼·费奇（英国设计公司首席执行官）。

最重要的增值小策略：小胜于大。运行良好。"小动作"令人久久难忘。"对于一个懂得感激和欣赏的人来说，微不足道的礼貌最能打动人心。"/亨利·克莱。"日复一日，无从记起，但那些特别的瞬间令人久久难忘。"/切撒莱·帕维塞。让所有人热爱运行良好。

最重要的增值成功信条："三大规则：① 好货不便宜。② 收益先于成本。③ 别无其他规则。"以上结论来自德勤对 27 家表现极佳公司的一项研究，相关样本涉及 25000 家公司。

全球当务之急：致力于极限可持续发展。不接受任何借口，一分钟都不能等。可持续发展应该成为所有决策，尤其是所有设计决策的组成部分。"可持续性：这是正确、聪明、有利之举。"/亨特·洛文斯。"少买东西，要精挑细选，选耐用的。重质量而非数量：这才是真正的可持续性。如果人们只买漂亮的东西而不是垃圾，那就不会有气候变化问题了！"/维维安·韦斯特伍德。

最重要的社交媒体参与行动："我宁愿在推特上跟一位顾客对话也不愿看到我们公司试图用一则令人垂涎的超级碗广告吸引数百万人的注意力。"/加拿大金融服务公司橘子银行首席执行官。"建立声誉需要二十年的时间，但毁掉它只需要五分钟。"/沃伦·巴菲特。在很大程度上，您的社交媒体策略就是您本人。采取重大、快速、针对性的行动！

最大的极限必要性：我非常热爱的专门网站包括（尚未注册）：

ExtremeHumanism.com

ExtremeSustainability.com

ExtremeCommunityEngagement.com

ExtremeEmployeeEngagement.com

ExtremeDesignMindfulness.com

RadicalPersonalDevelopment.com

HumanismOffensive.com

FerociousListening.com

AggressiveListening.com

丧失的最大的商业发展机遇："忘记中国、印度或互联网：驱动经济增长的是女性。"/《经济学家》。"女性是成熟市场。"/法拉·沃纳。女性购买一切——一切！醒醒吧！您或许相信这一说法，但您会采取相关行动吗？您需要战略重组！

错过的最大的市场机遇："对于今天年届五旬的人来说，其成年生活刚刚过了一半。"/比尔·诺维里。老年人掌握着所有的钱袋子，而且也有足够的时间花钱。醒醒吧！采取相关行动。应对巨大的老年市场机遇的现状：营销者和产品开发者对此一筹莫展、不屑一顾，年少无知或者擅离职守，这无异于愚蠢之举。您需要战略重组！

最重要的经济基石：几乎所有人都就职于中小型企业，几乎所有新岗位都是它们创造的，几乎所有创新都来自于它们，它们是卓越最主要的归宿。为它们欢呼。培养它们。向它们学习。

最重要的创新磁石：尝试最多东西的人就是赢家。扩展版：尝试最多东西（以最快的速度搞砸最多东西）的人是赢家。必备文化："失败地越快，成功地越早。"/大卫·凯利。"失败-向前-快速。"/费城高科技首席执行官。"再次尝试。再次失败。败中有进。"/萨缪尔·贝克特。前提：正如麻省理工学院创新大师迈克尔·施拉格所说，构建一种"认真玩"的文化。100%参与，100%创新！

最重要的创新异化要求：在企业的各个角落，谁的另类最多、最怪，谁最能赢得这场创新比赛。"从众"等于创新的死亡。根据斯科特·佩奇出色的创新研究："多样性比能力更重要。"从让您的董事会变得另类开始。现在就开始。

最重要的创新领导心态："我们很疯狂。我们应该只做别人觉得'疯狂'的事情。如果别人说某事'挺好'，那意味着已经有人在做这样的事情了。"/佳能公司前总裁。"只有不那么舒服我才觉得舒服。"/广告传奇杰伊·恰特。"你必须学会不那么谨小慎微。"/摄影师戴安·阿勃丝。"如果一切看起来都在掌控之中，那只能说明你开得不够快。"/赛车手马里奥·安得雷蒂。

最重要的"人工智能是友非敌"心态：永远不要认为强调人的重要性就否定了我们即将被科技海啸吞没这一事实。人们认为人工智能分为两种：自动（无人）智能与智能拓展（AI与IA）。远程办公和商业生产力软件公司光环门公司对于二者之间的拉锯战进行了以下描述："人工智能是创造像人一样工作和反应的机器，智能拓展则是以一种不同的方式利用这些机器，从而改善人类的工作表现。"不要急于求成：带着极限关爱思考一下人工智能-智能人工相关选项、配置和系统性影响。

最重要的日常策略活动：走动管理。走动管理是真正的"以人为本"文化的核心，而且，事实上也是《追求卓越》的核心。走动管理应该带来快乐而非辛劳。如果您不喜欢走动管理，换个工作吧。2021 年补遗：拿出决心和练习，Zoom 管理也能带来最好的面对面走动管理所能带来的那种敬业精神、自发性和亲密关系。

最重要的时间管理任务：我们生活在"干扰年代"。喘息，喘息，不断地喘息。放慢速度。所有伟大的东西——人际关系、卓越、改天换地的设计、质量——都需要时间，很多时间。按照英特尔巨星多夫·弗罗曼的说法，领袖应该严格地留出一半计划外时间。

最重要的时间投资：向广度和深度发展的最好的人际关系能促成所有的成功。"人际关系是所有进步、成功和成就在现实生活中得以成长的沃土。"/投资巨星本·斯坦。卓越的人际关系要花很多时间、更多的时间。运行良好的标志是工作能得以完成的人际关系。信息：讨好下属（而非上司）以求成功。

实现突变的最大关键点：结交朋友，无视敌人。您希望实现突变吗？避开那些跟您看法不同的人。把 80%（是的，80%！）的时间都用于争取、发展和培育盟友。

争斗是对时间和精力的一种浪费，而且，争斗十之八九会伤及自身。找一帮全力投入、热情洋溢、不知疲倦、热爱行动的兄弟姐妹……包围异见者！

最重要的业绩时间表：长远的时间表比短期的强。越来越多世界级的研究都证明，对长期管理非常狂热（正确的用词）的公司的业绩要好于那些盯着下个季度收益的公司。已经存在半个世纪的"只有接下来的 90 天才重要"——股东价值最大化理念一直是商界及整个社会中最具破坏力、最顽固的理念。"事实上，我们依赖某些人对生产能力进行投资以增加共同繁荣，但他们把公司的绝大部分盈利都用于增加他们自己的繁荣了。"/经济学家威廉·拉佐尼克。

最重要的印记：文化征服一切："文化能把策略当早餐吃掉。"/麻省理工学院舒恩。"文化并非这场游戏的一个方面——它就是整个游戏。"/IBM 公司郭士纳。文化发展和文化维系为先。文化维系必须成为您一分钟都放不下的爱好，直到永远。

最强大的词汇：认可是英语中最强大的词汇，也是领导工具箱中最强大的工具。"世上最强大的两样东西：好听的话和体贴的姿态。"/家得宝联合创始人肯·兰贡。最强大的两个字："谢谢"。一贯的殷勤致谢强过重谢。热爱致谢能创造奇迹！

最重要的"黄金 30"比率："在造就团队的高效方面，积极关注要比消极关注强大 30 倍。"/马库斯·白金汉和阿什利·古道尔。结论：积极（欣赏、乐于助人、愿意支持）对消极（批评）是 30∶1。不断累积您的优势。此外，按 0 ~ 10 分算，您在消极反馈"技能"方面的得分是 0 分（毫不夸张）。另外，这是经研究证实的最大的打压因素。（难题：为何这么多人都觉得进行定期积极反馈如此困难？）

最了不起的三分钟奇迹："在我看来，道歉是人类能做出的最神奇、最治愈、最具有修复能力的事情。在我和那些锐意进取的主管们的工作中，这是一个核心问题。"/顶级执行教练马歇尔·古德史密斯。一句真诚的"对不起"可以消除所有罪过。在恰当的时候，一通历时三分钟、不找借口、发自内心的道歉电话能够拯救一份价值10亿美元的订单。

最大的标准化罪过：人并非"标准化的"人。评估不应实行标准化。永远不要这样。一把钥匙对应一把锁。领袖铁律：每个人都需要一个非常不同的沟通策略。

最重要的个人习惯：阅读，阅读，还是阅读。在任何岗位，最顽强、最痴迷学习的人总能拔得头筹。不论您现在是6岁还是66岁，都没有关系。华尔街名人堂投资人：阅读量不够是首席执行官最大的缺点！

最艰难的任务：很多领导力大师坚持认为有效自我管理是领导成功的首要特质。一个不容置疑的事实：您的自我认知很糟糕。成功的自我管理意味着时刻留意、诚实意识，以及……不断努力。而且，关于这一点，您需要很多连续的反馈。

最重要的反思："我一直在思考'简历美德'与'悼词美德'之间的区别。简历美德指您罗列在您简历上的那些美德和您带到就业市场、有助于您取得外部成功的技能。悼词美德更为深刻，是指在您的葬礼上人们谈起您时会提到的美德，您在世时最核心的美德——您或许善良、勇敢、诚实或忠诚、友善等。"/大卫·布鲁克斯。今天对您和他人更加重要的建议：专注于悼词美德！

疫情期间最重要的终生领导标准：善良、体贴入微、耐心、宽恕、在场、设身处地。"底线"：（现在！）您作为领袖的行为将成为您整个职业生涯的印记。

后　记

很多人都鼓励我写一篇备忘录，最终我答应了。事实上，本书就是我的备忘录。本书专为我非常（极其！）在乎的那些事情而写。

我要写的就是那些从我 1966 年刚从工程学院毕业，成为越南战斗工兵营特遣队队长的那天起所发生并挥之不去的事情。或许，这个时间应该追溯到 1977 年我在纽约的那一天。当时，麦肯锡公司的总经理罗恩·丹尼尔提出了一个神奇的、将决定我一生走向的问题：他承认自己受够了公司的出色策略一直无法通过执行考验这一现象——到底缺了什么呢？就这样，虽然我当时并未意识到，但《追求卓越》这本书就此生根发芽了。

在为我这部处女作做研究的时候，我首先从惠普总裁约翰·扬那里了解到，有些领袖（最好的领袖）把多得难以想象的时间花在了"车间"（蓝领或白领），以便了解如何对为公司完成实实在在工作的人表达感激。这些领袖还把多得难以想象的时间用来直接接触顾客，判断其产品或服务会带来怎样的现实或情绪影响，因为顾客的快乐或问题会成就或毁掉公司。我花了些时间来观察工作中的史蒂夫·乔布斯——了解了对设计真正不屈不挠的痴迷会是什么样及其可能带来的令人感叹的成果。（《追求卓越》是在一部苹果 II 电脑上写的。）我对安妮塔·罗迪克（Anita Roddick）进行了密切观察。她为美体小铺满世界寻找会成为其供应商的合伙生产商，并在此过程中改变他们所在的社区——这是商业最好、最鼓舞人心的道德维度。西南航空公司的创始人、总裁赫布·凯莱赫（Herb Kelleher）曾经告诉我："我最喜欢的一件事情就是给曾经侮辱我们某位员工的顾客写信，告诉对方我们不欢迎他们乘坐我们的航班。"这才是支持您团队成员的福祉！

在本书——以及我的前 18 本书——中我反复重申，这些理念并不复杂，您无须精通微积分、化学或物理才能弄懂这些理念。不过，在实践中人们常常违背这些理念。

整合和分享这些理念——扬的"走动管理"、凯莱赫给行为不当的顾客写信、罗迪克的社区意识——是我的终生事业乃至我的人生。这些理念的代价是数百万个令人筋疲力尽的航空里程积分，以及 100 次乃至 10 万次被弄乱的航空中转。然而，尽管在我去做演讲的 63 个国家的旅程中出现过非常可怕的混乱，我发誓，我跟接触过的 2500 多场演讲的观众都相处得非常融洽。而且，从我收到的来信来看，他们都知道我已经融入了他们——成了他们的精神伙伴（以及不断给他们唠叨的人），陪他们踏上了"以人为本"和卓越的旅程。后来，他们中的很多人都辜负了我对他们的期望——不过我收到的几百封信都表明相当多的人都变成了凯莱赫或罗迪克那种人，而且他们也发现了创造一个充满激情、不断成长、不断创新的（包括 6~600 名雇员的）人类社区会带来怎样的情感和"商业"价值。

哦，我特别看重的来信并非那些首席执行官的来信，而是那些高中校长、警察局长、足球教练，甚至职业橄榄球大联盟教练的来信——还有（让我没想到的）那些偶尔来自牧师或神父的信件，他们在信中感谢我带他们走上了一条富有成效且充满快乐的道路。当着刚刚听了我 8 个小时演讲的观众的面，一位世界青年总裁研讨会的参会者告诉我："我在你这里花了一整天的时间，但一点儿新东西都没学到。"我猜自己当时肯定面色苍白，不过我还是听他说了下去，"但是这是我曾经度过的最好的一天——它就像一道'炫目的光'。关爱他人、非常认真地倾听顾客的声音、即便最渺小的行动也要以卓越为目标。"我猜，正如那位参会者、南佛罗里达大型连锁餐厅的所有者曼尼·加西亚（Manny Garcia）所暗示的，我最终成为一名"炫目的光"的提供者。

那些评论就像我的遗产。在本书（我的第 19 本书）中，我带着快乐和希望跟您分享这些理念、这些"炫目的光"，这些东西就是我存在的理由。没错，这是我真正的、唯一可能的备忘录。

感谢您跟我一起走上这一旅程。祝您好运，一路平安！

汤姆

特别感谢

南希·葛琳（Nancye Green）

斯图亚特·洛佩兹（Stuart Lopez）

朱莉·艾利斯特（Julie Anixter）

谢莉·多利（Shelley Dolley）

梅丽莎·G. 威尔逊（Melissa G. Wilson）

他们造就了这本"汇总"之书。

特别感谢南希和斯图亚特，他们不断为我提出有创意的建议——远远超出了他们工作范畴的建议。（往往南希不会提出"建议"——她会直接发号施令。例如，本书的书名就是她定的。）

朱莉是一个非常有影响力的人——这是我对他人能做出的最高赞扬。她有一个非常好的习惯，她习惯于走到我们前面——她是个激情洋溢的人。这一习惯的影响"非常深远"。

谢莉·多利是我20多年的经营合伙人。即便她承认自己过于小心翼翼，再小的细节也会让她担心得要死——这对我倒一直是件好事。她的高级文学学位更让她具有一种工程师、工商管理硕士（我）永远无法想象的品位。（真没想到！为谢莉的文科教育欢呼，句子结尾竟然如此苍白无力。抱歉，谢莉！）

梅丽莎·G. 威尔逊为我做的事情只有非常执着的出版商才能做到，这些事情无可替代。梅丽莎，您太棒了！

此外，我还要感谢：

30多位请我谈谈"面对新冠肺炎疫情的领导术"的播客创作者。如前所述，是他们让我明白了我多么在乎这类素材。面对疫情，人们能够且应该践行体贴入微、充满关爱的领导术。人们应该永远如此，我希望这能够成为规范。

鲍勃·沃特曼，我《追求卓越》这本书的合著者。正是有了这本书，我才能在过去几十年一直坚持不懈。在很多领域，鲍勃都非常专业——他和他那位杰出的妻子朱迪自1977年以来一直是我的精神支柱。

向已故的迪克·安德森（Dick Anderson）舰长表示衷心的感谢。他是我职场第一位老板，当年我24岁，在越南担任（如此乳臭未干——想一想就让人汗流浃背）美国海军海蜂工程兵初级军官。简单地说，安德森舰长是我成年后最重要的导师，事情的确如此。

最后，非常非常非常……感谢苏珊！